Maria

Das spirituelles Lesebuch

Maria

Das spirituelles Lesebuch

benno

Bibliografische Information der Deutschen Nationalbibliothek
Die Deutsche Nationalbibliothek verzeichnet diese Publikation in der Deutschen Nationalbibliografie; detaillierte bibliografische Daten sind im Internet über http://dnb.d-nb.de abrufbar.

**Besuchen Sie uns im Internet:
www.st-benno.de**

ISBN 978-3-7462-3101-3

04159 Leipzig, Stammerstr. 11
Zusammenstellung: Volker Bauch, Leipzig
Umschlag: Ulrike Vetter, Leipzig
Umschlagabbildung: © picture-alliance/Burkhard Juettner/vintage.de
Gesamtherstellung: Kontext, Lemsel (A)

Inhalt

Maria lädt uns ein

Wir kennen alle die Redewendung: „Wenn einer eine Reise tut, dann kann er was erleben", darin spricht sich die Erfahrung vieler Leute aus, die von ihrer Reise wieder heimgekehrt sind. Unvergesslich bleibt mir ein Erlebnis auf einer meiner Japanreisen vor einigen Jahren. Dieses Erlebnis zog sich wie ein roter Faden durch alle 8 Tage von Tokyo über Hiroshima, Nagoya, Osaka, Kyoto. Ich habe dort immer die Bischöfe gefragt: „Wie viel Prozent katholische Christen gibt es denn in Ihrem Bistum im Vergleich zur Gesamtbevölkerung?" Ich hörte überall die Antwort: „Schon 0,4 Prozent." Obwohl das Christentum schon 500 Jahre in Japan Fuß gefasst hat, ist das eigentlich ein sehr dürftiges Ergebnis. Und doch überall die Antwort: „Schon 0,4 Prozent." Ich habe mir gedacht, wenn ein japanischer Bischof durch die Bistümer in Deutschland reist und die Bischöfe dort fragt: „Wie viele Katholiken gibt es denn in Ihrer Diözese im Hinblick zur Gesamtbevölkerung?", ich bin überzeugt, er würde überall die Antwort hören: „noch 40 Prozent, etwa im Erzbistum Köln" oder „noch 4 Prozent im Bistum Magdeburg". Ich meine aber, im Vergleich zu diesen beiden Beispielen: Auf die Prozentzahlen kommt es eigentlich gar nicht an, sondern sehr auf das kleine Wort, das vor der Prozentzahl steht, ob es dort heißt „schon" oder „noch". Das „schon 0,4 Prozent" zeigt eine Kirche im Vormarsch, eine Kirche in der Hoffnung, eine Kirche in der Mission, eine marianische Kirche. Und eine Kirche mit noch 40 oder noch 4 Prozent zeigt eine Kirche im Rückzug oder in der Resignation und in der Angst.

Am Kreuz konnte Jesus sagen: Es sind bei mir schon drei: Maria, Johannes und Maria Magdalena. Weil Maria unter den Dreien dabei war, wurden aus den Dreien 500 vor Pfingsten im Abendmahlssaal in Jerusalem. Und weil auch dort Maria dabei war – sie waren nämlich versammelt mit Maria, der Mutter Jesu, wie es in der Apostelgeschichte heißt (vgl. Apg 1,14) –, kamen am Pfingstfest zu den 500 im Abendmahlssaal noch 2000 dazu. Und weil Maria in der Kirche immer dabeiblieb, wurden aus den wenigen bis heute 1,3 Milliarden Christen. Sorgen wir dafür, dass Maria immer dabeibleibt in unserem Leben, in den Familien, Gemeinden und Gemeinschaften. Dann haben wir Zukunft!

Maria bewegt uns zum Transitus, zum Übergang vom Noch zum Schon, von der Resignation in die Hoffnung, von der Angst in die Freude, vom Verlust in den Gewinn. Maria ist nicht nur eine Einladung zum Übergang vom Minus zum Plus, sie ist geradezu die Pforte, die Tür dazu. An der Saale bei Naumburg gab es ein berühmtes Zisterzienserkloster, das bis zur so genannten Reformation „Marienpforte" hieß. Maria bringt gleich am Anfang des Neuen Testamentes Christus zu den Menschen in den Hirten von Betlehem und in den Heiligen Drei Königen, und vom Kloster Marienpforte aus bringt sie im 14. Jahrhundert Christus nach Schlesien, Ungarn und Böhmen. Gott selbst hat diese Tür vom Himmel zur Erde, von seinem Herzen zu den Menschen geschaffen, indem er Maria ohne jeden Makel der Sünde ins Dasein rief. Darum war und ist sie völlig für Gott zu den Menschen hin durchlässig. Maria kann deshalb den Menschen Christus entgegentragen – heute wie damals. Maria aber ist nicht unsere Lehrerin: „Nur einer ist euer Lehrer, Christus" (Mt 23,10), sagt Jesus selbst. Maria ist unsere Mitschülerin, und zwar die Erste, die Erfahrenste, und das macht sie so sympathisch. Sie ist ganz in die Pläne und Absichten Gottes mit den Menschen eingeweiht. Sie weiß, wie Christus zu uns kommt und wie wir zu Christus kommen. Das ist so tröstlich für uns selbst!

Wie wenig Eltern manchmal ihre Kinder kennen, das wissen sicher viele aus den Erfahrungen mit den eigenen Eltern. Dass aber auch Maria ihr außergewöhnliches Kind nicht vollständig kannte, ist eigentlich nicht verwunderlich. Vergessen wir nicht: Er war ja nicht nur ihr Kind und sie nicht nur seine irdische Mutter, er war auch ihr Gott und sie sein Geschöpf, eben seine Schülerin. So hörte sie im Tempel von Jerusalem die Lektion ihres Sohnes, nachdem sie ihn vorher mit Josef drei Tage vergeblich gesucht hatte: „Wusstet ihr nicht, dass ich in dem sein muss, was meinem Vater gehört?“ (Lk 2,49). Nicht Christus war von Maria weggegangen. Er war geblieben in dem, was seines Vaters ist. Aber Maria war von Christus weggegangen – nicht bewusst! Sie glaubte ja, dass er bei der Pilgergruppe dabei sei. Gott wollte um unseretwillen, um der Menschen willen, dass Maria die Christusferne aus eigener Erfahrung kenne und spüre. Als sie aber merkte, dass Christus bei der Heimreise nicht dabei war, ergriff sie tiefe Angst, und sie kehrte sofort um, um ihn drei Tage lang zu suchen. Gerade das macht mir persönlich Maria noch liebenswürdiger und noch sympathischer: dass sie mir eben auch eine Mitgenossin in der Christusferne ist und dass sie mir aber auch zeigt, wie man sofort von der Christus-

ferne in die Christusnähe gelangt, vom Noch ins Schon, von der Resignation in die Hoffnung. Maria macht sich drei Tage lang auf die Suche. Das sind übrigens in der Heilsgeschichte die ersten Exerzitien in der Kirche: Sich aufzumachen, um drei Tage lang Christus zu suchen, bis man ihn gefunden hat. Dann hörte sie ihre Lektion, die sie nie mehr vergessen hat: „Wusstest du nicht, dass ich in dem sein muss, was meinem Vater gehört?“
Maria war eine gelehrige Schülerin. Diese Lektion ist ihr immer im Bewusstsein geblieben. Sie wusste nun überall, dass er in dem ist, was dem Vater gehört: als er auf dem Ölberg Blut schwitzte. Dann wusste sie, dass er in dem ist, was des Vaters ist. Als Judas ihn küsste, wusste sie, dass er in dem ist, wo der Vater wohnt. Als er am Kreuz hängt und als er in Freude den Ostertag feiert, wusste Maria, dass er in dem ist, wo der Vater wohnt. Maria hatte den Übergang vollzogen: von der Angst in die Freude, von den noch 40 oder 4 Prozent in die schon 0,4 Prozent. Wir sind alle eingeladen, der Bischof an erster Stelle, mit Maria in die Tempelschule Jesu zu gehen, Mitschülerin und Mitschüler mit ihr zu sein, um zusammen mit ihr nach den Weisungen des Herrn vom Noch ins Schon zu gehen.

Ich darf Sie darum alle jetzt persönlich fragen: Wo wohnen Sie? – In dem, was dem Vater gehört? Das, was dem Vater gehört, ist das Schon und nicht das Noch: Das ist die Hoffnung und nicht die Resignation, das ist der Mut und nicht der Kleinglaube. Das wäre eine Frucht des heutigen Tages, dass jeder von uns ganz bewusst in dem ist, was des Vaters ist: im Schon, im Vormarsch, in der Hoffnung, in der Zuversicht, in der Freude.

Mit Maria unterwegs sein,
ist der Lebensstil eines Christen

Die Kirche verehrt Maria unter vielen Bildern. Eines der ältesten ist Maria als Meeresstern, der Orientierung schenkt. Im Auf und Nieder theologischer Meinungen brauchen wir einen Orientierungspunkt, der über den Zeiten steht, der also immer gilt. Und das ist Maria! In allen Skandalen, Irritationen und Unterstellungen der vergangenen Monate brauchen wir einen Kompass, der uns unabhängig von den verschiedensten Tagesmeinungen und Vermutungen den Weg zeigt. Das ist Maria! Sie ist nicht Ziel des Weges, aber sie ist das große Zeichen über dem Weg, das die Richtung angibt. Ihre Orientierungsfunktion definiert der

Engel des Herrn, indem er sagt: Sei gegrüßt, Maria, du bist voll der Gnade, der Herr ist mit dir (vgl. Lk 1,28). Weil Maria ganz leer war vom eigenen Wollen, konnte sie nun ganz erfüllt werden vom Wollen Gottes. Sie wurde voll seines Willens: „Sei gegrüßt, du Begnadete, der Herr ist mir dir." Das große Herzeleid Gottes mit uns besteht darin, dass er seine kostbaren Gaben uns vor die Tür trägt, aber wir sie vor der Tür liegen lassen. Er wird sie einfach bei uns nicht los. Er kommt mit seinen Geschenken, und wir nehmen sie ihm nicht ab, weil bei uns und in uns alles anderweitig besetzt ist. Es verhält sich mit uns wie bei einer Bushaltestelle, an der die Fahrgäste warten, bis der Bus kommt. Der Bus aber fährt vorüber, weil er voll besetzt ist. Die Wartenden, die zurückbleiben, sagen resigniert zueinander: „Das ist bei dieser Buslinie immer so!". Das ist die Tragik Gottes mit uns. Wir fahren an unserem wartenden Gott vorbei, weil bei uns alles besetzt ist von unseren Interessen, von unseren Ideen und von unseren Plänen. Wir haben keinen Raum. „Er kam in sein Eigentum, und die Seinen nahmen ihn nicht auf" (Joh 1,11). Ein Gebot der Stunde heißt: Raum schaffen für die Fülle Gottes; Zeit haben für den ewigen Gott; in unseren Interessen Gott den ersten Platz, die Priorität einräumen, wie Maria.

Immer wenn wir vor dem Altar zur Eucharistiefeier knien, dann steht Gott vor uns und träumt einen hartnäckigen Traum: „Ob es mir diesmal gelingt, mit meinem Wort, mit meinem Leib und Blut, mit meinem Herzen bei euch und in euch Raum zu gewinnen, damit ich mit euren Herzen schalten und walten kann, als ob es mein eigenes Herz wäre; damit ich mit euren Händen hantieren kann, als ob es meine eigenen Hände wären; damit ich mit euren Füßen zu den Menschen gehen kann, als ob es meine eigenen Füße wären?"
Bei Maria ist das gelungen. Sie war ganz leer von sich selbst, um ganz erfüllt zu werden von der Gnade Gottes: Du bist voll der Gnade (vgl. Lk 1,28). Sie war und ist ganz und gar verfügbar für alle Pläne Gottes. Darin ist sie für uns der Orientierungspunkt schlechthin.
Es gibt keine wesentlichere Übung im geistlichen Leben als die Frage: „Herr, was willst du, das ich tun soll?" – „Ich bin die Magd des Herrn" (Lk 1,38), „Vater, dein Wille geschehe!" (Lk 22,42). Der Wille Gottes und dessen Befolgung in der Existenz Mariens ist unser Orientierungspunkt. Deshalb verehren wir sie als den Meeresstern. Sie gibt uns den richtigen Kurs an, auch im Nebel und Sturm des Lebens.
In der Lausitz, im Osten Deutschlands, im Wohngebiet der katholischen Sorben, gibt es ein Zisterzien-

serinnenkloster, das ununterbrochen seit 750 Jahren existiert. Es trägt den Namen Marienstern. Mit diesem Namen erklären die Bewohnerinnen des Klosters Maria als die Verkörperung treuester Nachfolge Christi und als ihre eigene oberste Lebensnorm. Seit 500 Jahren leuchtet „Marienstern“ den wenigen katholisch gebliebenen Christen in dem überwiegend evangelisch gewordenen Land wie ein Wegweiser und ein Hoffnungszeichen. Auch unsere Häuser und Wohnungen sollten als Firmenschild die Bezeichnung „Marienstern“ tragen. Wir folgen mit Maria ihrem Sohn.

Das Magnifikat

Im Magnifikat belehrt uns Maria, dass Gott nicht auf die Berge schaut, sondern in die Täler blickt. „Auf die Niedrigkeit seiner Magd hat er geschaut“ (Lk 1,48). Je tiefer im Tal, desto deutlicher stehen wir vor den Augen Gottes. Darum gibt es in der Kirche wohl nur eine legitime Karriere, nämlich die Karriere nach unten, wie bei Maria. Der Herr vertraut sein Wort Maria ganz unten an. Darum bekommt er aus diesem Mariental ein so lautstarkes Echo. Weil Maria so still ist, ist das Wort Gottes in ihrem Leben so laut. Sie ist nicht Wort, sie ist nur Laut, der sein Wort deutlich

verlauten lässt. Sie ist Echo, und das Echo klingt umso deutlicher, je tiefer unten der Adressat des Wortes steht: Maria in Nazaret.
Direkt an der Ostgrenze Deutschlands, an der Neiße, dem Grenzfluss zwischen Deutschland und Polen, befindet sich ein weiteres Zisterzienserinnenkloster, das ebenfalls seit dem 14. Jahrhundert ununterbrochen existiert und den Namen Marienthal trägt. Die Schwestern waren den wenigen im 16. Jahrhundert katholisch gebliebenen Menschen eine Stärkung und ein Trost ganz unten in ihrer gesellschaftlichen Isolierung. Beim letzten Hochwasser im August dieses Jahres wurde das Kloster von den Wassern der Neiße mit Schlamm und Schmutz völlig überflutet wie noch nie in seiner 760-jährigen Geschichte. Es ist wirklich ein Haus Mariens im Tal geworden, aber nicht in einem idyllischen Tal, das in unserem Volksliedern besungen wird, sondern ganz unten in den Tälern von Schmutz, Schlamm und Sünde, die es in allen Völkern gibt.
Unsere arme Kirche ist in den letzten Monaten in ähnlicher Weise durch die verschiedenen Missbräuche gedemütigt und in den Schmutz getreten worden, wie ich es nie für möglich gehalten hätte. Wir sind zu einer Kirche ganz unten geworden und damit zu einer

Kirche ganz neben Maria. Sie definiert sich ja selbst als die Frau in der Niedrigkeit: „Auf die Niedrigkeit seiner Magd hat er geschaut." Darum konnte das Wort Gottes bei ihr ein so klares Echo und eine solche durchschlagende Antwort erfahren. Ich bin zutiefst davon überzeugt, dass auch unsere Kirche, die sich in ihrer Verdemütigung und Verachtung neben Maria nun ganz unten weiß, nun zum deutlichen Zeugnis und zum laut vernehmbaren Echo der Barmherzigkeit Gottes werden kann und soll. „Auf die Niedrigkeit seiner Magd hat er geschaut" – Hier sind wir dabei! Vielleicht ist das auch die große Gnade dieser schmerzvollen Vorgänge, die wir in den letzten Monaten durchleiden mussten und müssen. „Wo die Sünde mächtig wurde, da ist die Gnade übergroß geworden" (Röm 5,20), betont Paulus.

Mit Maria – voll der Gnade und ohne Sünde – wird aus dem Minus ein Plus, aus dem Verlust Gewinn, aus der Erniedrigung Erhöhung, aus Verzweiflung Freude. Ich bin überzeugt: Wir werden aus diesem Fegefeuer gestärkter und missionarischer herausgehen, als wir hineingeraten sind. Elisabeth sagte zu Maria: „Selig ist die, die geglaubt hat" (Lk 1,45). Und wir sind wirklich selig, wenn wir das glauben – wie Maria!

Gott ist Mensch geworden in Jesus Christus durch den Heiligen Geist aus Maria, der Jungfrau. Seitdem ist Maria für uns die Marienpforte, die uns mit Christus in Berührung bringt; seitdem ist sie für uns der Marienstern, der uns Orientierung und Wegweisung gibt; seitdem ist sie für uns das Marienthal, das auch die Tiefen des Lebens am Herzen Gottes festhält. Der Zisterzienserorden ist bis heute ein Marienorden. Ein katholischer Christ ist nach dem Evangelium ein Marienmensch. Darum gilt jedem Einzelnen von uns das Wort des Engels an Maria: „Der Herr ist mit dir... Du hast bei Gott Gnade gefunden" (Lk 1,28.30).

Joachim Kardinal Meisner

Maria –
Mutter der Liebe

Liebe Mutter

O liebreichste Mutter,
ich biete dir mein Herz,
wie es überströmt von aller Seligkeit,
und in ihm stelle ich vor
all jene göttliche Liebe,
mit der ich dich von Ewigkeit her
vor jeglichem Geschöpf aus freien Stücken
vorherbestimmt, erschaffen, geheiligt
und mir zur Mutter besonders bereitet habe,
nicht minder all jene süße Huld,
womit ich dich jemals auf Erden liebkoste,
als du mich als Kind auf deinem Schoße trugst
und ernährtest, und all die Treue,
die ich die ganze Zeit hindurch,
da ich unter den Menschen wandelte,
aus kindlicher Liebe dir erwiesen habe,
indem ich in allem dir untertan war
wie ein Sohn seiner Mutter,
ich der Regierer des Weltalls,
und die ich besonders in meiner Todesstunde
dir bezeugte, da ich die eigene Qual

gleichsam vergaß und von Mitleid
mit deiner Verlassenheit und Trauer ergriffen,
dir an meiner Statt einen Beschützer und Sohn gab.
Auch stelle ich dir jene unsagbare Liebe vor,
in der ich am Tage deiner hochherrlichen Aufnahme
dich über alle Chöre der Engel und Heiligen erhöht
und als Herrin und Königin
des Himmels und der Erde eingesetzt habe.

Gertrud von Helfta

Marias Nähe

Warum sollte die menschliche Schwachheit befürchten, sich Maria zu nähern? Nichts Strenges, nichts Schreckliches ist an ihr, in ihr ist nur Zärtlichkeit, sie schenkt uns alles, was wir brauchen.

Durchforscht aufmerksam das ganze Heilige Evangelium, und wenn ihr über Maria ein Wort des Tadels, ein einziges Wort, das kleinste Zeichen von Unwillen findet, akzeptiere ich gerne, dass ihr Argwohn hegt und ihr Angst habt, euch ihr zu nähern. Wenn ihr aber, im Gegenteil, sie bei jeder Gelegenheit so findet, wie sie wirklich ist, eher voller Gnade und Güte, Barmherzigkeit und Milde, dann dankt Jenem, der in seiner unendlichen Barmherzigkeit euch eine Mittlerin geschenkt hat, an der ihr niemals zu zweifeln habt.

Schließlich ist sie alles für alle geworden und hat sich in ihrer unendlichen Barmherzigkeit zur Schuldnerin der Toren, aber auch der Weisen gemacht.

Bernhard von Clairvaux

Von Herzen

Maria, ich sehe, wie das Wort,
das dir gegeben wurde, um in dir zu sein,
dennoch nicht vom Vater getrennt ist.
Es verhält sich wie mit dem Wort der Sprache,
das der Mensch in seinem Innern trägt:
Auch wenn es ausgesprochen
und anderen mitgeteilt wird,
trennt es sich nicht vom Herzen
und bleibt mit ihm verbunden.
Darin zeigt sich die Würde des Menschen,
für den Gott so viele und große Dinge getan hat.

Katharina von Siena

Segne uns

O lichte Mutter der heiligen Heilkunst,
durch deinen heiligen Sohn hast Salböl du
gegossen in Wund und Wehe des Todes,
den Eva uns gebracht zu unserm Elend.
Du hast vernichtet den Tod
und aufgebaut neues Leben.
Bitte für uns bei deinem Sohn,
du Stern des Meeres, Maria!
Du Mittlerin des Lebens,
du Freude voller Glanz,
du Süße aller Wonnen,
an denen nichts dir fehlte.
Bitte für uns bei deinem Sohn,
du Stern des Meeres – Maria!

Liebste Mutter,
wollest schauen,
auf dein Volk,
das mit Vertrauen,

dich als seine Mutter ehrt,
von dir Hilf und Trost begehrt.

Segne uns
in deinem Herzen,
tröste uns
in unsern Schmerzen,
steh uns bei in aller Not,
zeig uns Jesus nach dem Tod.

Hildegard von Bingen

Gott ist die Liebe

Gott gab den einfachen Gläubigen drei Bücher, um sie über seine heilige Liebe zu belehren. Diese drei Bücher sind das Bild der heiligen Jungfrau, das Kreuz und die Glocken der katholischen Kirche. Weisen diese drei Dinge nicht auf die drei großen Kennzeichen der Liebe Gottes zu den Menschen hin, das heißt, auf die Mysterien der Menschwerdung, der Erlösung und der Eucharistie?

Ruft uns das Bild Mariens nicht zu: Gott ist die Liebe!? Hat er die Welt nicht so sehr geliebt, dass er seinen einzigen Sohn dahingab, um sie zu erlösen? …

Ist nicht das in unseren Kirchen, aber auch in unseren Häusern und öffentlichen Plätzen errichtete Kreuz das Buch, in dem alle Menschen, Weise und Unwissende, über die Barmherzigkeit des Sohnes Gottes für uns und das Übermaß unserer Sünde, die Ihm all sein Blut gekostet hat, lesen können?

Was die Glocken betrifft, die sich überall da befinden, wo die heilige Eucharistie zugegen ist, scheinen sie uns nicht zu sagen, dass Gott aus Liebe sein Zelt unter uns aufgeschlagen hat und dass es sein ganzes Entzücken ist, unter uns Menschenkindern zu wohnen?

Marcellin Champagnat

Du sagst JA

Aus dem Schweigegrund der Liebe
strahlt dein Auge
grenzenlose Anmut aus

Gottes Wort gibt
deinem Herzen Flügel
und durchdringt dein Lauschen
auf den Schwingen Geist und Leben

Gottes Hand liegt
unverrückbar fest auf deiner Schulter
und die Melodien deiner Fragen
sind auf Ewigkeit gestimmt

Gottes Atem
wundermächtig auf geheimen Wegen
führt dich durch die Flut der Tränen
in den Ostergarten Licht und Freiheit

Jungfrau – Mutter
Du sagst JA – weil deine Sehnsucht
Träume schaut die Abrahams Gestirne
hell entzündet und die Körner Sand am Meere zählt

Jungfrau – Mutter
Morgenglanz durchglüht dein Wort zum Engel
Frucht erfüllt die Weltenfurche
dort wo alle Reife sinkt zum letzten Erntekorb

P. Drutmar Cremer

Maria –

Mutter der Güte

Unsere Fürsprecherin

Sei gegrüßt, o Königin,
Mutter der Barmherzigkeit,
unser Leben,
unsre Wonne
und unsre Hoffnung,
sei gegrüßt!
Zu dir rufen wir,
verbannte Kinder Evas;
zu dir seufzen wir
trauernd und weinend
in diesem Tal der Tränen.
Wohlan denn,
unsre Fürsprecherin,
wende deine barmherzigen Augen uns zu,
und nach diesem Elend zeige uns Jesus,
die gebenedeite Frucht deines Leibes.
O gütige,
o milde,
o süße Jungfrau Maria.

Hermann von Reichenau, 11. Jahrhundert

Unter dem Schutz Mariens

Unter welchen Lebensbedingungen wir stehen und welche Verantwortungen wir tragen mögen, wir sind alle von der mütterlichen Fürsorge Marias umgeben, die für uns alles tut, was jede Mutter für die eigenen Kinder tut: Sie liebt, wacht, schützt und tritt für sie ein. Erweist ihr euch dafür immer als katholische Christen in eurer Liebe zu ihr, der heiligsten Gebärerin aller Glieder Christi. Alle katholischen Christen sind folglich Kinder der Mutter Jesu, Ihre fromme Verehrung Mariens soll die gemeinsame Zugehörigkeit zur Familie der Kinder Gottes widerspiegeln und sich in den gewohnten Kundgebungen des jahrhundertealten Kultes der Kirche ausdrücken.

Dabei aber vermeidet doch alles, was in seiner Art allzu sehr aus den Bräuchen der gesamten Kirche herausfällt; sucht statt dessen nach der Marienverehrung der alten christlichen Tradition, die von der Frühzeit an über die Generationen hin von der Christenheit in Ost und West auf uns gekommen ist. Eine solche Verehrung zeigt ein wahrhaft katholisch empfindendes Herz.

Ein solches wird mit seinem Gebet nicht nur die eige-

ne menschliche oder religiöse Familie, die eigenen Nachbarn und Mitbürger, sondern auch alle seine Brüder umfassen, mit denen es das Geschenk des Glaubens teilt, und darüber hinaus diejenigen, für die es den Herrn bittet, dass er ihnen dieses Geschenk gewähren möge. Jesu Mutter liebt alle ihre Kinder mit derselben Liebe: Wir sollen sie daher einmütig bitten und mit der Kirche ehren. Dann seid ihr ihre rechten Söhne und getreue Diener der einen, heiligen, katholischen und apostolischen Kirche. Erbittet vom Herrn diese Gnade durch die Fürsprache seiner Mutter im Gebet des Rosenkranzes, das viele Päpste immer wieder so sehr empfohlen haben.
Liebt immer die seligste Jungfrau Maria wie die kleine Theresa von Lisieux, sorgt dafür, dass sie immer mehr geliebt wird, und führt durch sie eure Brüder zu Jesus Christus! Das ist Unser liebster Wunsch.

Papst Johannes XXIII.

Lasst eure Herzen leere Gefäße sein

O heiligste Mutter,
wie du das größte, das geeignetste,
das würdigste Gefäß der Welt warst,
so warst du auch,
wie kein anderer, erfüllt von der Bitterkeit
und dem Kelch der Angst,
den dein geliebter Sohn
an diesem Ort der Qual trinken musste:
ach, was lehrt mich das,
wenn nicht, die Drangsale anzunehmen wie etwas,
das ich mit meinem Bräutigam gemeinsam trage?

O unbefleckte Mutter,
du rufst uns, um uns zu sagen:
Kommt, meine Töchter,
lasst eure Herzen leere Gefäße sein,
und mein Sohn
wird sie mit dem Tau seines Hauptes füllen,
und die Tropfen der Nacht seiner Passion,
die sein Haupt benetzten,
werden sich in Perlen des Trostes verwandeln.

O gütigste Mutter,
schenke mir die Gnade,
dass ich von nun an all die kleinen Gelegenheiten
der Demut,
des Leidens und der abstoßenden Gefühle,
wie kleine, destillierte Tropfen
dieses kostbaren Hauptes empfange.

Johanna von Chantal

Segne du

Segne du, Maria, segne mich, dein Kind,
dass ich hier den Frieden, dort den Himmel find'.
Segne all mein Denken, segne all mein Tun,
lass in deinem Segen Tag und Nach mich ruh'n!

Segne du, Maria, alle, die mir lieb,
deinen Muttersegen ihnen reichlich gib!
Deine Mutterhände breit auf alle aus,
segne alle Herzen, segne jedes Haus!

Segne du, Maria, jeden, der da ringt,
der in Angst und Schmerzen dir ein Ave bringt.
Reich ihm deine Hände, dass er nicht erliegt,
dass er mutig streite, dass er endlich siegt.

Segne du, Maria, unsre letzte Stund,
süße Trostesworte flüstre dann dein Mund!
Deine Hand, die linde, drück das Aug uns zu.
Bleib im Tod und Leben unser Segen du!

Altes Marienlied

Trost und Hilfe

„Segne du, Maria, segne mich, dein Kind, dass ich hier den Frieden, dort den Himmel find! Segne all mein Denken, segne all mein Tun, lass in deinem Segen Tag und Nacht mich ruhn!

Zwar ist es schon einige Jahrzehnte her, aber die Erinnerung daran ist noch lebendig und nachhaltig in mir. Der in allen Bereichen und für jede Gegend schreckliche Krieg war vorbei. Die Menschen atmeten buchstäblich auf und spürten Aufbruch und Leben, auch wenn diese Nachkriegszeit alles andere als rosig und verheißungsvoll gewesen ist.
Immerhin wagten sich die Menschen wieder ohne Angst vor Fliegerangriffen und sonstigen Bedrohungen der Kriegswirren auf die Straße.
Die Zeit ward nicht nur als Befreiung empfunden, sie war auch voll des Dankens für erfahrenen Schutz und Beistand; und „Grund" genug zum Bitten und Flehen um Segen und Hilfe war ohnehin in Herz und Mund.
Und so machten sich meine Mutter und einige Nachbarsfrauen auf den Weg nach Maria Rosenberg, dem bekannten Marienheiligtum in der Pfalz. Natürlich kam

nur eine echte Fußwallfahrt in Betracht; Zug oder Auto waren noch gänzlich unmöglich.
Und ich durfte mit; vielleicht aus der Überlegung heraus, in einem „männlichen“ Begleiter – ich war bereits neun Jahre alt – Schutz und gegebenenfalls Hilfe zu erfahren. Die Erlebnisse unterwegs (wir waren gewiss den ganzen Tag auf den Beinen) waren kurzweilig und höchst abwechslungsreich.
Doch der alles überragende Höhepunkt ereignete sich mit der Lichterprozession im dunklen Park des Heiligtums. Hunderte Frauen und Männer, Kinder und alte Menschen zogen mit ihren schwachen Lichtern langsam und andächtig dahin. „Du Zuflucht in Not und Betrübnis.“ „Maria, wir rufen zu dir“, drang es in vielfältigem „Chor“ durch das Tal und schallte von den Anhöhen ringsum wider. Und als am Schluss des eindrucksvollen Lichter-Abends „Segne du, Maria, segne mich, dein Kind“ aus inbrünstigen Pfälzer Herzen und Kehlen erklingt, läuft es mir und vielen anderen den Rücken runter, geht durch Mark und Bein; und der eine oder andere Ton erstickt in Schluchzen.
Wann immer ich später und heute noch dieses Lied singe, erinnere ich mich dieses Abends und seiner überwältigenden Stimmung. Das Lied ist zwar von den modernen Liturgen nicht mehr ins „Gotteslob“

aufgenommen worden, aber es gibt noch immer hinreichend Marienverehrer/innen, die sich dieses Lied nicht nehmen ließen und es immer wieder in mehreren Strophen und mit viel Herz singen.

Frömmigkeit – mit Gott rechnen

Meines Dafürhaltens drückt das Lied eine tiefe Frömmigkeit, eine Verehrung und Anerkennung Mariens aus, die aus dem Herzen, aus dem „Bauch" kommt.
Die Begriffe „fromm" und „Frömmigkeit" haben heute leicht einen abwertenden Klang. Man lässt die Frömmigkeit angesiedelt sein in den Nischen der Welt, die ein wenig im Windschatten liegen und an denen der große Strom der Entwicklung und des Fortschritts vorbeigeht. Der Fromme mag seine Frömmigkeit pflegen, soweit er sich damit in dem ihm zugewiesenen Freiraum hält und im Übrigen den Lauf der Welt nicht stört.
Echte Frömmigkeit – und ich halte dafür: dieses Lied zeugt von ihr – prägt jedoch das ganze Leben und lässt sich nicht auf einen Sondersektor abdrängen. Frömmigkeit ist es: im Ernst mit Gott rechnen, mit Gott rechnen im eigenen gegenwärtigen Leben.

Die Zärtlichkeit Gottes für die Leidenden

Mit Gott rechnen, mit Maria rechnen, bedeutet nicht, über sie verfügen oder sie in die eigenen „Berechnungen" einsetzen. Der fromme Mensch rechnet mit Gott, weil er mit seinem Leben zu tun hat. Er glaubt, dass Gott nicht nur am Anfang seines Lebens steht als Schöpfer, dem er sich verdankt. Er lebt in dem Bewusstsein, dass Gott nicht erst am Ende seines Weges hervortritt als Richter, vor dem er sich und sein Leben verantworten muss. Er rechnet vielmehr ernsthaft mit Gott in seinem gegenwärtigen Da- und So-sein. Er weiß, dass dieses offen liegt vor Gott. Gott hat Interesse daran und kümmert sich darum. Gott hat im eigenen Leben seine Hand im Spiel. Es gibt die Zärtlichkeit Gottes für die Leidenden.

Wir können mit dem Segen, mit der Fürbitte Mariens rechnen, weil nichts ohne den Willen ihres Sohnes geschieht. Sie also zu bitten:

Segne du, Maria,
alle, die mir lieb,
deinen Muttersegen
ihnen täglich gib!
Deine Mutterhände
breit' auf alle aus,

segne alle Herzen,
segne jedes Haus!

bedeutet, mit Gottes Segen rechnen im eigenen gegenwärtigen Leben, das wir mit unseren Mitmenschen teilen; bedeutet, überzeugt sein, dass Gott mit uns in jeden Augenblick unseres Lebens hineingeht.
Maria ist uns ein Vorbild in dieser Haltung der Frömmigkeit, und sie ist Mutter Jesu, wirklich Gottesmutter. Mit Fug und Recht dürfen wir glauben: ein Kind Mariens ist gesegnet, geht niemals zugrunde.

P. Richard J. Altherr SAC

Milde und sanft

Wenn wir ungehalten sind,
zeig du uns deine Milde.

Wenn wir hart reagieren,
berühr uns deine Sanftmut.

Wenn wir zornig werden,
zeig du uns deine Milde.

Wenn uns die Nerven blank liegen,
berühr uns deine Sanftmut.

Wenn wir vergelten wollen,
zeig du uns deine Milde.

Wenn wir aufbrausend werden,
berühr uns deine Sanftmut.

Wenn wir uns schadlos halten,
zeig du uns deine Milde.

Wenn wir hartherzig sind,
berühr uns deine Sanftmut.

Wenn wir kaum Nachsicht üben,
zeig du uns deine Milde.

Wenn wir unduldsam werden,
berühr uns deine Sanftmut.

Wenn wir zu kleinlich sind,
zeig du uns deine Milde.

Wenn wir uns schnell verschließen,
berühr uns deine Sanftmut.

Maria, Mutter Jesu,
du elegante Frau,
zurückhaltend und vornehm,
lehr uns den sanften Mut,
der Milde walten lässt
und Gottes Güte ausstrahlt.

P. Alexander Holzbach SAC

Maria –
Mutter der Hoffnung

Und sie verstanden nicht...

Alle Predigten, die ich über Maria gehört habe, ließen mich kalt ... Wie gerne wäre ich Priester gewesen, um über die Muttergottes zu predigen! Ich glaube, schon *eine* Predigt hätte mir genügt, um zu zeigen, was ich meine. Ich hätte zuerst gezeigt, wie wenig das Leben der Muttergottes bekannt ist. Man sollte nicht unwahrscheinliche Dinge über sie erzählen oder Dinge, die man einfach nicht weiß, zum Beispiel, dass sie als ganz kleines dreijähriges Mädchen in den Tempel gegangen sei, um sich Gott aufzuopfern mit brennenden Liebesgefühlen und außerordentlichem Eifer. Vielleicht ist sie ganz einfach aus Gehorsam den Eltern gegenüber gegangen ...

Damit eine Predigt über Maria Frucht trage, muss sie ihr reales Leben zeigen, so wie das Evangelium es durchblicken lässt, und nicht ein ausgedachtes, vorausgesetztes Leben. Und es ist doch leicht zu erraten, dass ihr Leben in Nazaret und später ein ganz gewöhnliches sein musste. „Er war ihnen untertan." Wie einfach ist das! Man schildert die Muttergottes unnahbar. Man sollte sie nachahmbar zeigen, verborgene

Tugenden übend, sagen, dass sie genau wie wir aus dem Glauben lebte, und die Beweise dafür aus dem Evangelium vorlegen, wo wir lesen: „Und sie verstanden nicht, was er ihnen sagte." Oder auch: „Sein Vater und seine Mutter wunderten sich über die Dinge, die man über ihn sagte."

Theresia von Lisieux

Hoffnung

Da frohlockten Adam und Eva, unsere Stammväter, mit freudigen Lippen: Freue dich, o Tochter, die du für uns die Strafe der Übertretung aufgehoben hast. Einen vergänglichen Leib hast du von uns geerbt, und hast in deinem Schoss, für uns, ein Gewand der Unbestechlichkeit getragen.

Dahinzuleben hast du aus unserem Fleisch genommen und hast uns dafür ein beglückendes Leben geschenkt; du hast unsere Schmerzen genommen und die Bande des Todes zerbrochen. Du hast unsere erste Wohnstätte wieder hergestellt; wir haben uns das Paradies verschlossen, du aber hast den Zugang zum Baum des Lebens wieder geöffnet.

Johannes von Damaskus

Von Frau zu Frau

Ich saß mit meinen Freundinnen zusammen, und wir haben uns über weibliche Rollen in unserem Leben unterhalten. Dabei waren wir uns nicht sicher, welche wir gerne und freiwillig übernehmen und welche uns immer noch übergestülpt werden. Über eine Rolle aber waren wir uns einig, eine Freundin sein und eine Freundin haben, das mochte jede von uns. Sich alles erzählen können, miteinander lachen, miteinander weinen, sich gegenseitig unterstützen und durch die Höhen und Tiefen des Lebens begleiten, diese Erfahrung kannte jede von uns, und keine wollte sie missen. Das Verständnis füreinander und die liebevolle Korrektur und Kritik, das war das Wichtigste für uns.
Mag sein, dass das auch ein Grund ist, warum seit Beginn der Kirche Maria besonders bei den Frauen eine so große Verehrung genießt. Sie war eine Frau, die in einer Männerwelt lebte. Und in ihren unbeachteten gesellschaftlich abgegrenzten Raum kommt Gottes Botschaft. Sie wird gefragt, ihr Ja ist notwendend, im wahrsten Sinne des Wortes. Für alle Frauen, die in Männergesellschaften nur einen bestimmten Raum einnehmen und viele Begrenzungen und Fremdbe-

stimmungen erfahren, ist das eine hoffnungsvolle Aufwertung. Vielleicht auch deswegen ist das Magnifikat ein so wichtiges und oft gesprochenes Gebet geworden, denn es beschreibt genau diese Situation: Auf die Niedrigkeit, auf die Bedeutungslosigkeit, auf die Vorherbestimmung seiner Magd hat Gott geschaut und ihr Größe, Bedeutung und Freiheit geschenkt.

Den Tod riskieren

Maria, eine sehr junge Frau, nimmt diese Herausforderung Gottes an. Ein Kind mit unbekanntem Vater zu erwarten bedeutet, den Tod riskieren, denn das Gesetz schreibt in diesem Fall die Steinigung vor. Dass sie in Josef einen Mann findet, der sie schützt und begleitet, kann sie nicht erwarten, nur hoffen. Hochschwanger muss sie sich auf den Weg machen in eine fremde Stadt, in der sie nicht willkommen ist. Sie bringt ihr Kind in einem Stall zur Welt. Dass dies ein besonderes Kind ist, das sagen ihr Hirten und Könige. Simeon, ein alter Mann, der im Tempel auf die Ankunft des Messias wartet, sieht in ihrem Kind das Licht der Welt und prophezeit ihr ein Leben mit vielen Schmerzen. Als ihr Sohn erwachsen ist, beginnt für sie diese schmerzhafte Zeit.

Er wendet sich von ihr ab, er hat einen Auftrag zu

erfüllen, er geht konsequent und radikal seinen Weg, und der endet am Kreuz. Eine leidgeprüfte Mutter hält ihren toten Sohn in den Armen. Das ist ein Bild, das über die Jahrhunderte oft gemalt und dargestellt wurde. Der Sohn dieser Frau ist eine Herausforderung Gottes an die Welt, und gleichzeitig ist er auch ihr Erlöser. Frauen vieler Generationen haben sich in dieser Muttergestalt der Maria wiedergefunden. Ihre Geschichte, mag sie theologische Deutung der Evangelisten oder tatsächliche Begebenheiten aufzeigen, ist die Geschichte vieler Frauen. Das Ja zu einem Kind unter schwierigen Umständen, die Freude und die Hoffnung, dass aus dem Kind etwas Besonderes wird, die schmerzhafte Entfremdung, die Missverständnisse, die Auseinandersetzungen und die Verletzungen, wenn die Kinder ihr eigenes Leben aufbauen. Der Schmerz, wenn die Hoffnungen scheitern bis dahin, dass Kinder von ihren Müttern beerdigt werden müssen. Für all das finden die Frauen Verständnis bei Maria. Die Gefühle, die bei diesen Situationen durchlebt werden müssen, hat Maria auch empfunden. Deshalb ist es leichter, mit ihr darüber zu reden und ihr das eigene Leben anzuvertrauen. Von Freundin zu Freundin, von Mutter zu Mutter oder auch von Tochter zu Mutter.

Auf die innere Stimme vertrauen

Die modernen Frauen unserer Gesellschaft identifizieren sich nicht mehr so intensiv mit der Mutterrolle. Sie kämpfen um Anerkennung ihrer Person oder ihrer Leistungen im Beruf und Ehrenamt. Sie wollen unabhängig sein und einen eigenen Lebensentwurf gestalten, der nicht von gesellschaftlich gewachsenen Spielregeln bestimmt ist. Deshalb ist ihnen auch das Marienbild, das die Kirche vermittelt oder das in der Volksfrömmigkeit gewachsen ist, suspekt. Sie gehen auf die Suche nach einer eigenen Marienvorstellung. Die tanzende Maria, die das Magnifikat singt und darin deutlich macht, dass Gott alle bestehenden Werte umkehrt, Mächtige vom Thron stürzt und Ohnmächtige erhebt, Hungernde beschenkt und Reiche leer ausgehen lässt, der treu zu seinem Wort steht und die rettet, die ihm glauben.

Hier ist sich Maria bewusst, dass mit ihrem Ja das Erlösungswerk Gottes auf Erden beginnt. Auch selbstbewusst glaubende Frauen kehren heute die Bilder um und sehen in Maria eine starke, kluge und auch theologisch kenntnisreiche Frau. Unabhängig von gesellschaftlichen Normen trifft sie ihre Entscheidung und vertraut auf ihre eigene innere Stimme und ihren Glauben an Gott. So kann sie eine Freundin sein, die

versteht, so ist sie eine Frau, mit der man solidarisch sein kann, so wird sie zu einer Begleiterin auf dem Weg zu sich selbst.
Weibliche Welt, weibliches Fühlen und Denken werden über die Gestalt der Maria schon seit Jahrtausenden in unseren Glauben hinein transportiert. Das Leben von uns Frauen ändert sich, doch die vielen Bilder, die sich von Maria entwickelt haben, bieten immer wieder eine Möglichkeit, die Höhen und Tiefen des Lebens mit Hoffnung anzuschauen. So von Frau zu Frau.

Gertrud Brem

Zwischen Passivität und Aktivität

... und den Klischees, die sich hier auftun

Die Evangelien skizzieren von Maria ein nüchternes Bild. Verglichen mit anderen Jünger/innen Jesu wird nur selten von ihr erzählt. Ganz anders in der Volksfrömmigkeit, die ein emotional dicht gefärbtes Bild von Maria entwirft. Hier finden sich Lesarten, die Maria als Frau zeichnen, die kaum selbst handelt, unfähig zur Aktivität ist und sich willenlos in das fügt, was man ihr vorlegt. Deshalb verwundert es nicht, wenn in manchen gegenwärtigen Interpretationen gerade die Aktivität und „Power" Marias hervorgehoben wird.
Die Missverständlichkeit der Rede von der Passivität und Aktivität Marias scheint mir einer der Gründe zu sein, warum Maria von den einen verklärt, von anderen abgelehnt wird. Die zudem oft verdeckte Absicht, mit derartigen Charakterisierungen einem bestimmten Frauenbild zuzuarbeiten, trägt das Ihre zur tendenziösen Einschätzung Marias bei.
Im Folgenden will ich einige Aspekte hervorheben, die mich selbst an Maria faszinieren und zum Nachdenken bringen, und an ihnen Überlegungen entwickeln,

wie Passivität und Aktivität in Maria auch verstanden werden können.

Es kommt alles anders

Die Verkündigung der Geburt Jesu (Lk 1,26-38), die nach dem literarischen Schema der Berufungserzählungen gestaltet ist, rückt eine junge Frau in den Mittelpunkt der Erzählung.

Maria hat eine wichtige Weiche in ihrem Leben schon gestellt. Sie war verlobt. Das bedeutete, heiraten, Kinder bekommen, ein Leben in Nazaret führen mitten in der Großfamilie, in den vertrauten und gesicherten Strukturen.

In diese schon vorgezeichnete Lebensgeschichte aber bricht Unerhörtes ein. Gott fragt Maria an, und das hieß für sie, ihr Leben völlig neu auszurichten. Umdenken, neu anfangen, sich einlassen, fragen, zweifeln. Es galt nicht einfach, einen Lebensplan gegen einen anderen einzutauschen. Es galt, einen neuen Weg zu gehen – auch im Widerspruch zu Gewohnheiten und Traditionen.

Das braucht Mut. Dazu muss viel bewältigt werden: die Frage, wer dieser Gott ist, die Erfahrung, dass er sich so ganz anders zeigt als bisher, warum er Maria von einem Weg, den sie schon versprochen hatte, wegruft zu einem anderen. Das Ja Marias bedeutete für sie, zu einer sicheren Lebensperspektive nein zu sagen und dafür das Ungekannte, Unglaubliche und im Grunde Unmögliche einzutauschen. Maria hatte das Vertrauen, ihren Lebensplan aus der Hand zu geben und in Gottes Weg zum Leben einzuschwingen. Dieses Jasagen Marias ist von daher nicht als willenloses Ja zu deuten. Das Ja zu Gottes Plan formulierte Maria im Angesicht des Todes. Maria musste nach damaligem jüdischen Recht damit rechnen, dass sie gesteinigt würde, wenn sie als Verlobte schwanger geworden ist. Wenn also im Zusammenhang mit dem „Ja Marias" von der Passivität Marias geredet wird, dann kann das nicht im Sinne eines Unvermögens verstanden werden. Die Haltung der Passivität ist in einem tieferen Sinn zu lesen. Maria lässt sich mit ihrem Ja auf einen Weg ein, der auch die Passion, das Leiden nicht ausspart. Als junge Frau, vor der noch die ganze Fülle eines ungelebten Lebens liegt, traut sie dennoch einem Gott, der das Leben für die ganze Welt aufrichtet und dazu einen Weg wählt, der zunächst so gar nicht nach Leben aussieht.

Maria, die prophetische Frau

Passivität und Aktivität – aktives Einlassen und horchendes Vorangehen spielen auch bei der Begegnung Marias mit Elisabet eine wichtige Rolle (Lk 1,39-56). Maria macht sich auf den Weg, um ihrer Verwandten Elisabet beizustehen. Sie wird aktiv, nimmt die Reise über die Berge Judäas in Kauf und wird von Elisabet als „Mutter meines Herrn" begrüßt. Daraufhin singt Maria das Lied, das Menschen vieler Generationen bewegt hat. Im Magnifikat, in dem Lukas die Theologie seines Evangeliums zusammenfasst, zeigt sich Maria als Prophetin. Sie hat verstanden, dass Gott die Untersten zuoberst kehrt: die Niedrigen, die Hungernden und alle, die Erbarmen brauchen. Sie hat auch verstanden, dass Gott sein Heil nicht am Menschen vorbei wirkt. Gott ist einer, der sich an den Menschen bindet, an sein Ja, an sein Vermögen und seine Grenzen.

An Maria ist das sinnenfällig geworden. Gottes Sohn wird Mensch, weil Maria sich eingelassen hat auf Gottes Weg. Seitdem ist endgültig geworden, dass jeder fähig und aufgerufen ist, sich aufzutun für Gott und Gott „Mensch werden zu lassen" heute und hier. Das braucht ein Sich-Öffnen für diesen Gott und die Bereitschaft, sich von ihm ausrichten zu lassen. Beides, aktives Sich-Einlassen und die Haltung, Gott wirken und sich von diesem Wirken umformen zu lassen, gehen in Maria zusammen.

Maria, die kontemplative Frau

Am Ende der Geburtserzählung und als Jesus als mündiger Ausleger der Schriften eingeführt wird, positioniert Lukas nochmals Maria. Die gewaltigen Umkehrungen, die geschehen – Gott wird Mensch, und Jesus wird das Gesetz ganz neu auslegen – können vom Evangelisten nicht mehr in Worten eingefangen werden. Er beschreibt hier vielmehr Maria und charakterisiert sie als eine, die „alles, was geschehen war, in ihrem Herzen [bewahrte] und darüber nachdachte" (vgl. Lk 2,19; 2,51).

Passivität und Aktivität, Kontemplation und Sich Einsetzen gehören zusammen. Damit verbindet sich für mich auch die Erfahrung, dass es wichtig ist, Räume zu eröffnen, Prozesse einzuleiten, mit Menschen im Austausch zu sein und dass dennoch die Grundlage unseres Redens und Tuns, die Frucht unseres Engagements und das, was wirklich wichtig ist im Leben, letztlich geschenkt ist.

Mirjam Schambeck

Maria weist auf Jesus Christus

Die Gottesmutter ist für uns Wegweiserin und Wegbegleiterin

Reich ist die Welt der Ikonen, der Bilder in der Orthodoxen Kirche, der Kirche des Ostens; diese Bilder – bis heute so gemalt wie in ihren Anfängen – sind unser gemeinsames Erbe des Glaubens. Einen wesentlichen Teil ihres Reichtums machen die Ikonen von der Jungfrau und Gottesmutter Maria aus. Nach den gleichen Gestaltungsprinzipien von alters her gemalt, sind sie doch in ihrer theologischen Zielrichtung in ihrer Glaubensaussage je verschieden. Das Bild zeigt die Ikone „Gottesmutter Hodegetria".

Was bedeutet das? Hodegetria heißt so viel

wie Wegweiserin: Die Gottesmutter wird gezeigt als die, die den Weg zum Heil weiß, ihn uns weist und uns auf ihm geleitet. Maria ist bekleidet mit einem purpurroten Maphorion (Übergewand) und einer himmelblauen Tunika (Untergewand) – Farben ihrer Würde als Ersterlöste und Vollerlöste; die Sterne auf ihrem Gewand (drei, einer ist durch Jesus Christus verdeckt) bezeichnen sie als bleibende Jungfrau, die Inschrift oben als Mutter Gottes. Maria schaut nicht auf Jesus Christus, der auf ihrem linken Arm sitzt, sondern auf den, der betrachtend und betend vor der Ikone steht.

Jesus ist zwar klein von Gestalt, wie ein Kind, aber er ist hier, mit dem Goldgewand göttlicher Macht und auferstandenen Lebens bekleidet, der Pantokrator, der Allherr, der Herr über Himmel und Erde, der Herr des Lebens. Im Nimbus, der seinen Kopf umschließt, sind die griechischen Buchstaben eingetragen, die übersetzt „der Seiende" bedeuten und an die Offenbarung Gottes als „Ich bin der ich bin" (da, für euch, mit euch, bei euch) erinnern; Jesus Christus ist das Wort, das im Anfang war und Gott ist, durch das alles geworden und in dem das Leben ist (Joh 1,1-4).

Seine linke Hand hält eine zusammengerollte Schrift; seine rechte Hand ist zum Segen geformt; sein Blick

richtet sich ebenso wie der seiner Mutter auf den, der vor der Ikone steht.
Vor der Ikone steht, betrachtend, betend, bittend, ein Mensch, der der Erlösung bedarf, der den Weg zum Leben sucht, zu dem Leben schlechthin, das erlöst, auferweckt, ewig ist. Das kann nur der mit seiner segnenden Zuwendung geben, der selbst in diesem Leben lebt; ja, der selbst dieses Leben ist: Jesus Christus, der Herr. Auf ihn weist die Gottesmutter Maria, den Menschen vor der Ikone anschauend, mit ihrer rechten Hand. So ist sie Wegweiserin. Sie weist auf Jesus Christus, der von sich sagt: „Ich bin der Weg, die Wahrheit und das Leben; niemand kommt zum Vater außer durch mich" (Joh 14,6).
So zeigt diese Ikone von der Jungfrau und Gottesmutter Maria uns Jesus Christus als den Weg zum ewigen, erlösten Leben bei Gott, unserem Vater. Nicht Maria steht im Mittelpunkt, sondern Jesus Christus, der vom Tod auferstandene Herr, und der Dienst, den Maria an uns tut, indem sie uns auf ihn weist. Von Anfang an ist Maria zu diesem Dienst von Gott erwählt, deshalb auch frei gehalten von aller Schuldverstrickung. Voll der Gnade sagt sie Ja zu Gottes Anspruch und stellt sich ganz in seinen Dienst, Mutter des Gottessohnes Jesus Christus zu sein. Sie bringt ihn zur Welt und folgt ihm

auf seinem Weg bis zum Kreuz und zum Grab – bis zur Auferstehung aus dem Tod. Sie bleibt in diesem Dienst Gottes, sie ist mitten in der Gemeinschaft derer, die Gottes Geist erwarten und empfangen. Jetzt wendet sie diesen Dienst auf uns, indem sie uns unermüdlich auf Jesus Christus weist, uns zu ihm führt und begleitet. Maria ist unsere Vorgängerin und Mitgängerin. Sie ist Vorbild für uns, Ur-Bild des Christseins – für unser Unterwegs-Sein und für unser Ankommen-Werden, als Markenzeichen unseres Christseins und als Hoffnungszeichen unseres Lebens.

Das hat Folgerungen für uns. Jedes authentische Sprechen von Maria kommt auf Jesus Christus, auf Gott zu sprechen. Jedes Beten zu Maria zielt auf Jesus Christus, auf Gott. Jede echte und rechte Verehrung Marias schaut nach Jesus Christus, nach Gott. Jedes Schauen auf Maria sieht den Weg Jesus Christus, den Weg zu Gott. So sagt das Zweite Vatikanische Konzil: „Indem die Kirche über Maria in frommer Erwägung nachdenkt und sie im Licht des Mensch gewordenen Wortes betrachtet, dringt sie verehrend in das erhabene Geheimnis der Menschwerdung tiefer ein und wird ihrem Bräutigam mehr und mehr gleichgestaltet. Denn Maria vereinigt, da sie zuinnerst in die Heilsgeschichte eingegangen ist, gewissermaßen die größten

Glaubensgeheimnisse in sich und strahlt sie wider. Daher ruft ihre Verkündigung und Verehrung die Gläubigen hin zu ihrem Sohn und seinem Opfer und zur Liebe des Vaters" (Lumen gentium 65).
Wir gehen, wenn wir recht gehen, auf dem Weg Jesus Christus, Maria ist ihn gegangen, und sie ist angekommen. Was kann besser sein, als ihrer Wegweisung zu folgen und sie um ihr Geleit zu bitten?

Klaus Haarlammert

Maria und das Magnificat

Maria, die Mutter Jesu, hat von den Anfängen des Christentums an die Menschen bewegt. Was sagt Ihnen persönlich diese Frau aus Nazaret?

Sie ist Hoffnung für Menschen seit Generationen – Hoffnung, weil Fürsprecherin. Ich habe einen guten Zugang zum Rosenkranzgebet. Das ist das klassische Gebet, in dem wir uns mit den Stationen im Leben der Maria und ihren Erfahrungen beschäftigen. Es ist ein ungewöhnliches, dichtes Leben. Ein Leben mit Erfahrungen einer Tiefe und Unerwartetheit, die einmalig sind. Es ist wohl dieses Einmalige, das Menschen immer wieder den Zugang zu ihr suchen lässt.

Mit Maria verbinden wir Attribute wie „sanftmütig, demütig, voller Hingabe". In unserer Zeit hingegen scheint ein anderes Frauenbild „in" zu sein, das mit Begriffen wie „Selbstverwirklichung", „Frauenpower", „Erfolg" gekennzeichnet werden kann. Kann eine Frau wie Maria auch in unserer Zeil noch Vorbild sein, oder ist der Frauentyp, den sie verkörpert, völlig out und von vorgestern?

Das Bild der demütigen, sanften Frau ist für mich nur

ein Teil des Marienbildes. Er gehört dazu. Sanftmut und die Bereitschaft, „Ja" zu sagen, kann eine positive Facette des eigenen Lebens sein. Übrigens gilt das nicht nur für Frauen. Niemand will nur Kämpfen. Eine gute Balance zwischen Kampf und Kontemplation, zwischen Diskussion und Streit einerseits und einem uneingeschränkten „Ja" andererseits, das gehört zu den guten Balancen für gelingendes Leben. Für mich war Maria daher auch nie nur sanft und demütig. Wer so uneingeschränkt „Ja" sagt zu einer Botschaft, die für eine so junge Frau völlig aus heiterem Himmel kam, der muss eine große innere Stabilität und ein ausgeprägtes Selbstbewusstsein haben. Ein Mensch, der so reagiert, weiß um seine innere Kraft.

Das Magnificat mit seinen prophetischen Verheißungen nimmt seit alters her im christlichen Gebets- und Liedschatz einen herausragenden Platz ein. Worauf führen Sie persönlich die Faszination zurück, die dieser alte Text bis heute auslöst? Hat Sie selber etwas beim Lesen fasziniert oder irritiert? Wie wirkt dieser Text auf Sie?

Es ist ein faszinierender Text, den ich täglich im Kontext der Vesper lese oder bete. Es ist ein ganz dichter Text. Einer, der deutlich macht, dass Maria keine antriebsschwache Frau ist und dass die Botschaft des

Christentums keine Harmonieveranstaltung ist. Das steht der Satz „Er stürzt die Mächtigen vom Thron und erhöht die Niedrigen“ – Sätze also, die Stachel sind und bleiben. Sätze, die darauf hindeuten, dass eben mit dem, was das Herzstück des Christentums ausmacht, sehr viel größere Maßstäbe und ein sehr viel weiterer Horizont gemeint ist als das, was wir täglich schaffen und letztlich vor diesem Text Stückwerk bleibt.

Sie stehen in politischer Verantwortung und haben damit Macht und Einfluss. Das Magnificat spricht von den Mächtigen, die vom Thron gestürzt werden. Was geht in Ihnen vor, wenn Sie als Politikerin eine solche Aussage lesen? Ängstigt Sie eine solche Aussage?

Je häufiger ich diese Stelle höre und bete und je länger ich zugleich im öffentlichen Leben stehe, umso mehr verstehe ich und ahne, was damit verbunden sein kann. Dass nämlich Macht immer geliehen, ständig gefährdet ist und vieles in diesem Zusammenhang auch nicht in den eigenen Händen liegt. Es wird beeinflusst durch vieles, das ich nicht selbst bewirken kann. Wo Macht nur noch um der Macht willen existiert, liegt kein Segen auf dem Ganzen.

Wie von Maria weiß die Bibel auch von anderen Frauen zu berich-

ten, die mit einem Lobpreis den Gott Israels als Retter der gesellschaftlich Benachteiligten und Unterdrückten feiern. Was finden Sie bemerkenswert – auch für unsere heutige Diskussion um die Entwicklung der Geschlechterrollen – an dem Bild, das damit von Maria und den Frauen insgesamt in der Bibel gezeichnet wird?

Die Frauengestalten des Alten und Neuen Testaments bieten eine ungewöhnliche Bandbreite an Typen, an Temperamenten, an Geschichten, die sich, solange es Menschen gibt, wiederholen. Sie bieten Orientierung, wenngleich wir aus der Bibel kein politisches Programm entnehmen können. Wir können auch nicht nachschlagen, um eine konkrete Antwort auf diese und jene heutige Sachfrage zu finden. Aber diese Geschichten enthalten eigentlich strukturell schon alles, was ein Mensch erfahren kann. Wie er sich erfährt in den Strukturen, in den Verstrickungen des Lebens und wie er sich verhält in diesen und jenen Situationen. Das ist das Zeitlose, das Stärkende und Ermutigende zugleich, dass eine Frau heute mit ihrer Situation, mit ihrer Hoffnung, aber auch mit ihren Enttäuschungen nicht alleine steht, vielmehr in einer Generationenfolge mit den Frauen in den Schriften.

Interview von Dr. Daniel Detambel mit Dr. Annette Schavan

Vergiss nicht das Vorbild ihres Wandels

In Gefahren, Ängsten und Zweifeln – denk an Maria, ruf zu Maria! Ihr Name weiche nicht aus deinem Munde, weiche nicht aus deinem Herzen!

Damit du aber ihre Hilfe und Fürbitte erlangst, vergiss nicht das Vorbild ihres Wandels! Folge ihr, und du wirst nicht vom Wege weichen. Bitte sie, und niemals bist du hoffnungslos. Denk an sie, dann irrst du nicht.

Bernhard von Clairvaux

Marienverehrung mit neuer Kraft und Dynamik

Die Marienfeste sind allgemein etwas in den Hintergrund, ja in Vergessenheit geraten. Doch zeigen sich in jüngster Zeit deutliche Gegenbewegungen: Wallfahrten sind erneut „in". Es gibt „neue geistliche Bewegungen", die alle marianisch ausgerichtet sind. Das zeigt: Die Marienfrömmigkeit hat nichts an Kraft und Bedeutung verloren. Im Gegenteil, sie gewinnt neu an Kraft überall dort, wo die Kirche neu an Kraft und Dynamik gewinnt.

Das gilt auch im ökumenischen Sinn. Mit unseren orthodoxen Schwestern und Brüdern wissen wir uns in der Marienverehrung schon immer einig. Auch viele unserer evangelischen Brüder und Schwestern entdecken Maria als Schwester im Glauben neu. Maria ist nicht nur katholisch, sie ist ökumenisch. Maria erweist sich als Patronin und Mutter der Einheit.

Das „verdunkelte Bild der Kirche" braucht Maria
Warum sind das Leben der Kirche und die Marienverehrung so unlösbar miteinander verbunden? Das letzte Konzil gab die Antwort: Maria ist Urbild der Kirche. Sie sagt und zeigt uns, was Kirche ist und was Christsein bedeutet. Sie, die mit Leib und Seele in die himmlische Verklärung aufgenommen wurde, zeigt das Ziel unserer aller Berufung. In ihr stellt sich heraus, was die Kirche ist und was wir sind, wozu wir da sind, wozu wir berufen sind, worauf letztlich alles hinaus will.
Das tut uns heute Not. Denn mit dem Bild Marias ist heute vielen das Bild der Kirche und das Bild des Menschen undeutlich geworden. Wenn wir auf die empirische Erscheinung der Kirche schauen, dann können uns in der Tat Zweifel kommen. Denn die empirische Kirche ist eine Kirche der Sünder. Es gibt in der Kirche Menschliches und allzu Menschliches, ja leider Gottes auch handfeste Skandale. Zweifellos, zur Kirche gehören die Heiligen, nicht nur die vom Papst heilig Gesprochenen, sondern unzählig viele Heilige des Alltags, von denen in den Medien recht selten die Rede ist. Doch oft – und das ist besonders unsere deutsche Gefahr – erscheint das Äußere, das Institutionelle so übermächtig, dass es scheint, es gehe nur

um Administration, Politik, Macht, als sei die Kirche eine menschliche Großorganisation wie viele andere auch.
Das alles verdunkelt das Bild der Kirche, macht Kirche undeutlich, ja unglaubwürdig. Viele verlieren die Freude an der Kirche, sie jammern nur oder kritisieren sie hart und oft auch unbarmherzig. Andere geraten in Torschlusspanik und geben Kirche und Christentum fast verloren.
Gut, dass wir in Maria ein Ur- und Leitbild haben, an dem wir uns orientieren können. Fragen wir also: Was hat uns Maria heute zu sagen? Was hat sie uns heute in Deutschland, was in Europa in unserer Situation zu sagen?

Die „orientierungslose Welt" braucht Maria
Das Evangelium stellt uns Maria als die Frau des „Magnifikat" vor, die singt und jubelt. „Hoch preiset meine Seele den Herrn, und mein Geist frohlockt in Gott meinem Heiland!" Maria richtet unseren Blick nach oben. Maria wird selig gepriesen, weil sie geglaubt bat, weil sie sich ganz auf Gott eingelassen hat, ganz ihm vertraut hat, bis in ihre schwersten Stunde, wo die anderen davongelaufen sind, sie aber unter dem Kreuz ausgehalten hat. An dieser Orientie-

rung nach oben fehlt es heute. Wir haben Gott aus dem Blick verloren. In der geplanten europäischen Verfassung kommt Gott nicht mehr vor. Wir haben die Richtung verloren, wir haben keine Vision mehr.
Maria weiß, dass allein von Gott Rettung kommen kann. Sie weiß, nur von dort kann gerade in aussichtslos erscheinenden Situationen Rettung kommen. Gottes Barmherzigkeit waltet von Geschlecht zu Geschlecht. Er ist gnädig und barmherzig und lässt keinen von uns fallen. Maria stellt Gott in die Mitte. Sie ist die demütige Magd. Damit unser Vorbild und Urbild.
Im alten Katechismus hieß es, dass wir dazu da sind, um Gott zu dienen und dadurch in den Himmel zu kommen. Altmodisch? Viele meinen dies. Sie wollen eine moderne Kirche, was immer das heißt. Doch wohin sind wir gekommen mit unserer Säkularisierung? Haben wir nicht allen Halt und alle Richtung verloren? „Suchet zuerst das Reich Gottes, und alles andere wird euch dazu gegeben werden!"
Dass Gott da ist, dass er mit uns ist, dass er unendlich gnädig und barmherzig ist, dass es für ihn keinen Unterschied zwischen Groß und Klein gibt, dass er im Gegenteil besonders die Kleinen liebt und die Eingebildeten vom Thron stößt, dass er unserem Leben

Richtung gibt, dass er allein uns erfüllen kann mit Freude, Hoffnung, Trost, Zuversicht, dass wir uns am Ende vor ihm zu verantworten haben und dass dabei alle gleich sein werden und allen Gerechtigkeit widerfahren wird, dass wir in ihm ein ewiges Ziel und eine ewige Erfüllung haben, mit Leib und. Seele, dass in diese ewige Vollendung deshalb alles eingehen wird, was wir getan und was wir erlitten haben, und dass nichts von alledem endgültig verloren sein wird – das alles zu sagen, ist das Zeugnis Marias. Das alles in all ihrer menschlichen und allzu menschlichen Schwachheit zu bezeugen und das in der Liturgie zu feiern, so festlich es nur geht, das ist die Aufgabe der Kirche. Nichts anderes. Aber das ist genug. Das ist das einzig Notwendige.

Jeder Tag sollte ein Tag des „Magnifikat", ein Festtag der Freude darüber sein, dass Gott unser Gott ist und wir sein Volk, Gottes Volk, Kirche sind.

Die „Neuevangelisierung" braucht Maria

Maria wird im Evangelium von Elisabet die „Mutter unseres Herrn" genannt Sie ist ja die Christusträgerin, die Gottesmutter. Gewöhnlich wird sie nicht allein dargestellt. Auf allen alten Bildern ist sie stets mit dem Kind, Jesus Christus, dem Sohn Gottes, abgebildet. Auf den alten Ikonen trägt sie das Jesuskind nicht als liebende Mutter in ihren Armen, sondern sie stellt ihn uns vor, sie hält ihn uns entgegen. Sie will sagen: Es geht gar nicht primär um mich, es geht um ihn. Schaut auf ihn! Genau das hat sie bei der Hochzeit zu Kana gesagt. „Was er euch sagt, das tut!" Das ist ihr guter Rat auch an uns. Besinnt euch auf Jesus Christus!

Das tut uns Not. Das Kreuz Jesu Christi ist das Wahrzeichen Europas. Der Glaube an Jesus Christus und das Kreuz hat die Kultur geprägt. Aber seien wir ehrlich und machen wir uns nichts vor – der christliche Glaube ist schwächer geworden. Das religiöse Wissen ist heute auf einem seltenen Tiefpunkt angelangt.

Wie aber sollen wir lieben, was wir gar nicht mehr kennen? Wir müssen sozusagen fast von Neuem anfangen. Ein neuer Anfang, eine Neuevangelisierung ist angesagt. Es genügt nicht diese oder jene Reform. Eine neue Vision ist nötig. Der Papst hat für das neue Jahrtausend – für die Kirche und für jeden von uns – ein Programm aufgestellt: das Antlitz Christi suchen, das Antlitz Christi entdecken.

Was also sollen wir tun? Wie könnten wir das Antlitz Christi finden? Es gibt verschiedene Wege. In erster Linie begegnen wir Jesus Christus in der Heiligen Schrift, in Predigt und Katechese – in der Liturgie, den

Sakramenten, besonders der Eucharistie, wo er leibhaftig gegenwärtig wird – in der Begegnung mit anderen Menschen. „Denn was wir dem Geringsten der Brüder Jesu getan haben, das haben wir ihm getan."
Das alles ist wichtig. Es gibt noch einen weiteren Weg, nicht als Alternative, sondern als eine mögliche und empfehlenswerte Ergänzung. Mit den Augen Marias auf Christus schauen. Diesen Weg hat uns Johannes Paul II. mit dem Rosenkranzgebet gewiesen. Im Rosenkranzgebet gehen wir mit Maria den Geheimnissen des Lebens Jesu entlang. Wir schauen mit ihren Augen und ihrem Herzen auf Jesus und werden im „Vater unser" durch Jesus zum Vater geführt. Auch im Rosenkranzgebet erweist Maria sich als die Mutter unseres Herrn. Lassen wir uns an ihrer Hand zu Jesus Christus führen.
Das alles ist nicht überholt. Wo finden wir Besseres? Die Kirche hat heute keinen anderen Auftrag, auch wenn sie damit ungemütlich wird. Wir brauchen keine neue, keine andere Kirche. Sie hat, wie Paulus gesagt hat, nicht menschliche Weisheit zu verkünden, sie soll vielmehr nichts anderes wissen, als Jesus Christus und diesen als den Gekreuzigten. Wenn wir ihn bekennen und bezeugen, dann haben wir als Kirche „etwas" zu sagen – eine Botschaft, die es weiterzubezeugen gilt,

eine Botschaft, die auch heute noch die Kraft hat, die Welt zu verändern.
Denn in ihm ist die Fülle der Gottheit erschienen. In keinem anderen Namen ist Heil. Wir brauchen auch heute keine anderen Heilsbringer, nicht anderen und neuen Religionen nachlaufen. Wohin sollten wir sonst gehen? Er ist der eine und einzige Retter und Erlöser aller. Er hat Worte des Lebens. Er ist Licht und Leben. Er ist der Weg, die Wahrheit und das Leben. Ihn erkennen, ist das ewige Leben.
Maria ist Urbild der Kirche. Sie ist es als Frau des Magnifikat und als die Mutter unseres Herrn, als die Christusträgerin. Darin ist Maria Vorbild und Urbild der Kirche und jedes Einzelnen von uns. Schauen wir auf sie. Bitten wir sie: „Heilige Maria, Mutter Gottes, bitte für uns Sünder, schon jetzt und in der Stunde unseres Todes."

Walter Kardinal Kasper

Maria –
Mutter der Weisheit

Mutter vom Guten Rat

Was ein guter Rat ist, kennt jeder von uns aus seinem Alltag. Ratschläge zu geben, sind wir schnell bei der Hand. Ob diese Ratschläge hilfreich und nützlich sind, ist eine zweite Frage. Wenn wir einmal die Erfahrung gemacht haben, dass uns jemand mit seinen Ratschlägen zwingen will oder uns in eine falsche Richtung führt, halten wir uns eher zurück, weiter solchen Hinweisen zu folgen. Es zeichnet meistens den guten Rat aus, dass er kurz, präzise, weise und diskret Hilfe für bestimmte Lebenssituationen sein will. Ein guter Rat ist in besonderer Weise eine grundsätzliche Lebensweisheit in Kleinformat.

Der Titel „Mutter vom guten Rat“ hat seine Begründung im Text des Wunders von Kana. Es ist das einzige Wort Mariens, das uns aus dem Johannesevangelium überliefert ist. Angesichts der Mangelsituation, die für diejenigen, die im Hintergrund der Festveranstaltung von Kana arbeiten, äußerst prekär ist, Maria entschließt sich, Jesus auf diesen Mangel hinzuweisen. Zugleich sagt sie den Dienern, sie sollen sich an das halten, was er ihnen sagen werde. In dem wunderbaren Wort: „Was er euch sagt, das tut" ist wahrhaftig eine Lebensweisheit en miniature vorgestellt. Ja, wir können sogar sagen: In diesem Wort ist uns eine Bibel in Kleinformat gegeben. Hier ist alles zusammengefasst, um was es in der Schrift geht: Ein Wort zu hören und sich an dieses Wort zu halten. Bibel ist das Sagen Gottes, die Rede des Allmächtigen, der Weisheitsspruch, der uns von Gott zukommt, und die Aufforderung, diesem Wort zu folgen, mit ihm Leben zu gestalten und zu formen, in der Praxis des Alltags unseres Lebens das zu tun, was Gott uns sagen will.

Maria spricht dabei auch von sich. Ihr Leben ist geprägt von dieser Rede, die sie den Dienern als Rat gibt. Sie hat das Wort gehört, Mutter des Sohnes zu werden, ihn ganz in ihrem Leben aufzunehmen und sich ihm zur Verfügung zu stellen, und sie hat die Bereitschaft nicht nur mit Worten bekundet, sondern leiblich verwirklicht. Sie ist deshalb mit ihrer Lebensweisheit nicht nur eine Ratgeberin mit Worten, sonder auch als solche, in ihrer Gestalt. Sie lebt, was sie rät.

Als Mutter vom guten Rat stellt Maria die Kirche typisch dar. Das ist typisch Kirche: den Menschen zu sagen, sie sollten das tun, was Gott, was Jesus ihnen sagt. Kirche ist Lebensgestalt des Wortes, Fortsetzung des marianischen Rates; und jeder Einzelne, der sich dieser Kirche zugehörig weiß, ist en miniature dieser Ratschlag, kann Mutter vom guten Rat werden.

Indem Maria mit ihrer Lebensgestalt das Wort, das sie den Dienern von Kana sagt, umsetzt, ist sie ganz und gar eine eucharistische Größe. Was bedeutet Eucharistie denn anderes als: das Wort aufnehmen, dem Wort zu folgen, was er uns sagt: „Nehmt und esst. Das ist mein Leib." Eucharistie ist Nachfolge des Wortes Jesu, die Hingabe, die er mit Fleisch und Blut verwirklicht, immer wieder zu seinem Gedächtnis zu feiern.

Der Titel „Mutter vom guten Rat" verweist uns aber auch noch in eine tiefe Dimension, die zu bedenken den gesamten Reichtum dieser Aussage offenbart. Als Mutter vom guten Rat steht nämlich Maria nicht für sich, sondern ist Hinweis. Sie ist eben Mutter vom guten Rat. Der gute Rat ist nicht bloß das Wort, das sie den Dienern von Kana sagt und das zum klassischen christlichen Ratschlag wird, sondern der gute Rat ist Gott selbst in seinem Sohn. Das Wort, das Maria den Dienern gegenüber formuliert, ist en miniature das, was Gott selber der Welt rät: „Das zu tun, was er uns in seinem Sohn Jesus Christus sagt." Wir kennen das Wort, das bei der Taufe Jesu als Stimme des Vaters ertönt und das sich bei der Verklärung auf dem Berg wiederholt. Der Vater weist auf den Sohn hin und fordert auf, auf ihn zu hören. Was dieser Jesus uns sagt, das sollen wir tun, so ist es Wunsch und Wille des himmlischen Vaters. Der gute Rat ist Jesus selbst, er ist der gute Rat Gottes. Dessen Mutter ist Maria; in ihr ist der gute Rat Gottes, Jesus Christus, Fleisch geworden.

Felix Genn

Maria – der neue Mensch

In der Kunstgeschichte treffen wir häufig auf Bilder und Skulpturen, die die Madonna und das Jesuskind mit einem Apfel in der Hand zeigen: Symbol des Sündenfalls im Paradies und einer sich daraus ergebenden Schuldgeschichte, die alle Menschen umfasst. Denn die Erbschuld zeigt sich darin, dass wir von Geburt an nicht nur Entwicklungschancen und Hoffnungen in uns tragen, sondern genauso in einen Unheilszusammenhang hineingeboren sind.
Zugespitzt formuliert: Man könnte die ganze Geschichte der Menschheit durchaus unter dem Blickwinkel dessen sehen, was Menschen einander antun können, als eine Geschichte des Hasses und der Ausbeutung, der Konflikte und Kriege.
Immer wieder haben Menschen sich und andere ins Unglück gestürzt, aber immer wieder kam auch die Forderung: Ein neuer Mensch muss her. Immer wieder war diese Forderung aber auch von der resignierenden Erkenntnis begleitet, dass der Mensch von sich her diesen neuen Menschen nicht schaffen kann. Versuche, den Übermenschen zu züchten, endeten immer in Unmenschlichkeit und Unterdrückung.

Wie soll dieser neue Mensch denn überhaupt aussehen? Um die Mitte des 19. Jahrhunderts wurden auf diese Frage zwei Antwortversuche deutlich, die sich frontal gegenüberstehen. Interessant ist, dass beide im gleichen Zeitraum gegeben wurden.

Der eine Antwortversuch auf die Frage nach dem neuen Menschen ist mit dem Namen Karl Marx verbunden. Im Jahr 1848 veröffentlichte er das Kommunistische Manifest, das vom Gedanken des neuen Menschen und seiner „Machbarkeit" durch die totale Umkehrung des Bestehenden beherrscht war. Es sollte ein Mensch mit einem ganz neuen Bewusstsein in einer klassenlosen Gesellschaft entstehen.

Was ist aus diesem Gedanken in der Wirklichkeit geworden? Hat sich diese Idee des neuen Menschen, der von Zwang und Unterdrückung befreit ist, im Alltag totalitärer Systeme nicht in ihr genaues Gegenteil verkehrt? Das Scheitern des Kommunismus dürfte nicht zuletzt darin begründet sein.

Die andere Aussage über den neuen Menschen liegt nur einige Jahre später. Sie kommt im Jahre 1854, also vor 150 Jahren, von einer Gemeinschaft, die davon überzeugt war und ist, dass es den neuen Menschen nicht als Ergebnis revolutionärer Taten und menschlichen Planens, sondern nur als Geschenk Gottes, als Ge-

schenk der Erlösung geben kann: Es ist die Aussage unserer Kirche, die sich in dieser Zeit neu auf die Quellen ihres Glaubens besonnen hat.
Und genau in einer Zeit, in der auf der einen Seite der neue Mensch mit Gewalt geschaffen werden soll, da wagt die Kirche die Aussage, dass dieser neue Mensch nicht eine bloße Forderung an die Zukunft darstellt, sondern dass er – gewissermaßen als „Vorgabe" Gottes – schon als Wirklichkeit in der Geschichte zu finden ist: In Maria, der Mutter des Herrn.
„Maria ohne Erbsünde empfangen": das will sagen, dass sie unberührt vom Bösen in die Welt getreten ist und ohne Schuld in ihr gelebt hat. Dadurch ist sie aber nicht, wie es scheinen könnte, von den anderen Menschen isoliert, sondern geradezu auf sie hingeordnet.
Durch Maria macht Gott einen Neubeginn mit der ganzen Menschheit. Durch sie wird deutlich: Der Kreislauf des Bösen, das wir immer wieder bei uns und bei anderen leidvoll erfahren, ist kein unentrinnbares Schicksal. Das wird uns offenbar, wenn wir den neuen Anfang, der durch Maria ermöglicht wurde, mit Namen nennen: Jesus Christus. In ihm geht Gott selbst in diese Welt hinein. In seinem Leben, Sterben und Auferstehen zeigt er, dass selbst Leid und tödliche

Konflikte nicht das Letzte sind, sondern dass die Macht seiner Liebe stärker ist, so stark, dass sie sogar die äußerste Ohnmacht des Todes aushalten und überwinden kann.
Gott kommt aber nicht in die Welt, indem er am Menschen vorbeigeht und über seinen Kopf hinweg handelt. Er nimmt den Menschen ernst und will ihn nicht ausschalten, deshalb schafft er sich in Maria einen Platz, an dem seine Liebe Wirklichkeit und er selbst Mensch werden konnte, um den Unheilszusammenhang der Welt mitten unter den Menschen zu zerbrechen.
Einsichtig geschieht dies in der Frau aus Nazaret. An ihr zeigt sich die Heilssorge Gottes für die ganze Menschheit.
Maria ist gewissermaßen der überzeugende Beweis dafür, dass der Mensch trotz seiner Geschichte der Konflikte und Auseinandersetzungen nicht zur Sinnlosigkeit verdammt ist, dass er nicht an seiner Unheilsgeschichte zu verzweifeln braucht, weil Gott einen ganz neuen Anfang setzt.
Durch Maria ist Gottes Liebe in reiner, unverstellter Form in die Welt gekommen: eben in der Person des Erlösers Jesus Christus. Maria ist die überzeugende Darstellung dafür, was Gott aus einem Menschen ma-

chen kann. Der Blick auf die Gottesmutter kann uns neu verdeutlichen, wie unsere Antwort auf das Wort Gottes aussehen müsste und welche Voraussetzungen es braucht, auch wenn es allzu oft ein durch Widersprüche und Kompromisse gebrochenes Ja sein wird.
Wir dürfen auch nicht vergessen, dass Gott eine Frau zur Mutter seines Sohnes erwählt hat, die alles andere als in der Mitte der Weltgeschichte stand, eher am Rand der Welt lebte. Das heißt: Was vor Gott bedeutungsvoll und groß ist, deckt sich nicht unbedingt mit dem, was uns wichtig und bedeutsam erscheint. Wie anders Gott denkt und handelt, sagt das Magnificat, der Lobgesang Mariens (Lk 1,46-55): „Er stürzt die Mächtigen vom Thron und erhöht die Niedrigen."
Wer sich einbildet, aus eigener Kraft und Macht einen neuen Menschen aus sich machen zu können, wird nur zu bald scheitern, genauso wie totalitäre Systeme mit ihrer Idee von der Machbarkeit des neuen Menschen gescheitert sind.
Wer dagegen um seine Hilfsbedürftigkeit und totale Angewiesenheit auf Gott weiß, weil er sich den Sinn seines Lebens nicht aus eigener Kraft geben, sondern nur vorgeben und aufgeben lassen kann, wer in solcher Offenheit Raum für das Ankommen der Liebe Gottes schafft, der wird „erhöht".

Maria als der neue Mensch! Sie weckt eine Ahnung von Gottes Wirken, das in der Menschwerdung des Heilands und Erlösers unserem Leben eine ganz neue Ausrichtung gibt!
Diese Ahnung mündete in das Herzenswissen der Gläubigen, in den „Sensus fidelium", der am 1. November 1950 als fester Glaubenssatz dogmatisch formuliert wurde: „Maria ist nach Ablauf ihres irdischen Lebens mit Leib und Seele in die himmlische Herrlichkeit aufgenommen worden."
Eine von uns hat das Ziel erreicht, zu dem hin wir alle noch unterwegs sind, als Einzelne wie als pilgerndes Gottesvolk. Eine von uns hat ihr Leben so auf Gott gerichtet, dass ER es ganz zu sich genommen hat. Eine von uns hat „als erste von Christus die Herrlichkeit empfangen, die uns allen verheißen ist" (vgl. Präfation von Mariä Himmelfahrt).

Heinz Josef Algermissen

Von Maria lernen

Kirche ist Gemeinschaft. Gemeinschaft wächst durch einzelne verschiedene Menschen, die gemeinsame Interessen und Anliegen haben, die ein gemeinsames Ziel anstreben. Gemeinschaft braucht die Bereitschaft vieler, sich einzubringen, dafür Zeit und Kraft aufzubringen. In unserem Alltag erleben wir oft, wie anstrengend und mühsam ein gutes menschliches Miteinander ist. Die Eigenarten und Vorlieben der einzelnen Menschen sind oft unterschiedlich oder sogar gegensätzlich. Nicht selten gibt es Spannungen, Missverständnisse und Konflikte. Manchmal können Interessen und Erwartungen nicht auf einen gemeinsamen Nenner und unter einen Hut gebracht werden. Das zeigt sich auch in kirchlichen Gruppen und Gemeinschaften. Das in der Apostelgeschichte überlieferte Bild, dass alle „ein Herz und eine Seele" sind, ist oft weit entfernt von dem, wie es im Gemeindealltag zugeht und wie miteinander umgegangen wird. Kirche ist immer Gemeinschaft von konkreten Menschen unterschiedlicher Herkunft und Ausbildung, verschiedenster Vorstellungen und Erwartungen. Sie ist bunt und vielfältig wie das Leben und die Menschen. Ihre

Einheit gewinnt die Kirche nicht durch Gesetze und Vorschriften, sondern durch den Heiligen Geist, der den unterschiedlichen Menschen die Sprache Gottes, die Liebe, gibt und verstehen lehrt. So lebt Kirche von Christus her, indem sie sich in seinem Geist und Sinn stark macht für die Schwachen, die Menschen auf ihrer Suche nach Gott unterstützt, mit den Menschen ihre Hoffnungen und Freuden, aber auch ihre Ängste und Sorgen teilt.
Kirche wächst, auch bei sinkenden Mitgliederzahlen, wo Menschen einander in ihrer Berufung achten und wertschätzend begegnen, wo sie im Umgang miteinander einüben und zum Ausdruck bringen, aus dem schöpferischen Geist Gottes zu leben.
Kirche findet dort ihre Gestalt, wo sie nicht um sich selbst kreist, sich nicht selbst genügt, beweihräuchert oder bemitleidet. Kirche lebt dort, wo sie für die Menschen da ist, ihnen Hoffnung vermittelt, Kraftquellen erschließt, Trost spendet oder auch kritisch hinterfragt, ob wirklich alles so gut und wichtig für unser Leben ist, was uns als solches dargestellt wird.
Kirche ist von Christus her immer dienende und betende Kirche, sie ist auch die leidende, die fehler- und mangelhafte, die weit hinter ihrem Anspruch zurückbleibt. Darum ist es notwendig, dass sie sich immer wieder

auf ihren Ursprung besinnt und von dort bestimmen lässt.
Am Anfang der Kirche, bei ihrem Gründungsfest oder Geburtstag, wie das Pfingstfest auch gerne genannt wird, begegnen wir Maria. Sie geht den Weg der jungen Kirche mit. Sie betet und sorgt mit. Sie ist eine Lehrmeisterin besonderer Art durch ihr gutes und stilles Beispiel. Von ihr kann Kirche und können wir als Kirche lernen, was es heißt, auf Gott zu hören, auf ihn einzugehen, mit Gott ins Gespräch zu kommen und Antwort zu geben auf seinen Anruf an uns.
Lernen wir von Maria, unsere eigene Berufung anzunehmen, sie noch mehr zu schätzen und dankbarer zu leben. Lernen wir von Maria, uns tiefer im Geheimnis Gottes zu verwurzeln, um daraus leben und Frucht bringen zu können.
Lernen wir von Maria, immer wieder einzustimmen in den großen Lobgesang auf den Schöpfer und Freund unseres Lebens.

Paul Weismantel

Maria, Mutter Gottes, bitte für uns –

Mariengebete

Warum zu Maria beten?

Eine Antwort findet sich in Johannes' Erzählung von der Hochzeit zu Kana (Joh 2,1-12). Sie bietet das wichtigste Zeugnis der Schrift für Marias Fürbitte als Mutter. Die Mutter Jesu, Jesus und seine Jünger sind in Kana in Galiläa auf einer Hochzeit eingeladen. Stets aufmerksam für die Bedürfnisse der Anderen bemerkt Maria, dass der Weinvorrat überraschender Weise zur Neige geht. Ohne Zögern lässt sie davon ihren Sohn wissen: „Sie haben keinen Wein." Mit anderen Worten: „Unsere Freunde sind in Not." Die Mutter vertraut auf die unverbrüchliche Liebe ihres Sohnes zu Anderen. Sie hält Fürsprache bei ihm zu ihren Gunsten. Jesu unmittelbare Antwort scheint zunächst ungebührlich schroff; „Frau", spricht er zu ihr, „was hast du mit mir zu tun? Meine Stunde ist noch nicht gekommen." Aber unerschrocken von der scheinbaren Zurückweisung Jesu erklärt Maria den Dienern: „Was er euch sagt, das tut!" Dem fügt sich Jesus unmittelbar, indem er den Dienern aufträgt, die sechs in der Nähe stehenden Wasserfässer zu füllen. Das gewöhnliche Wasser verwandelt er in den feinsten Wein. Nur die Diener werden sich bewusst, wie Marias Fürspra-

che und das wunderbare Eingreifen Jesu nicht nur eine mögliche Krise des Festes verhindern, sondern die Festfreude tatsächlich sogar vergrößern.
Jesus weist sie daraufhin: Seine Stunde ist noch nicht gekommen. Auf den ersten Blick scheint es, als ob Jesus seine Mutter mit seiner Antwort zurückweist. Sie hat ein schlechtes Zeitgefühl. Marias Bitte kommt peinlich zu früh. Sie kommt der Stunde ihres Sohnes unpassend zuvor. Doch trotz dieser Worte legt das Verhalten Jesu nicht nahe, dass er der Bitte seiner Mutter missmutig seine Zustimmung verweigert. Vielmehr antwortet er unmittelbar, nachdem seine Mutter den Dienern erklärt hat, seinen Aufträgen zu folgen. Wie lässt sich das erklären?
Maria nimmt zu Recht die Stunde unseres Herrn vorweg, denn sie ist es, die in Nazaret die Stunde Jesu eingeleitet hat. Nach einer alten Tradition, die in das dritte Jahrhundert zurückgeht, ist Jesus am 25. März gestorben, also am Jahrestag seiner Empfängnis. Die Stunde der Inkarnation fällt nach der Vorsehung dreißig Jahre später genau mit der Stunde seines Todes auf dem Kalvarienberg zusammen, der Stunde des göttlichen Erbarmens. Aus der Sicht der Erlösung sind die Stunde zu Nazaret und die Stunde auf dem Kalvarienberg letztlich ein und dieselbe Stunde. Die

griechische Tradition der Väter hilft, dies zu verstehen. Obwohl sie in keiner Weise die Erlösung am Kreuz bestreiten, betonen die griechischen Väter den besonderen Beitrag zur Erlösung durch die Menschwerdung. Die Menschheit ist erlöst durch die sündlose menschliche Natur, die das Wort Gottes im Moment der Empfängnis in Marias jungfräulichem Leib angenommen hat. Marias Ja kennzeichnet daher die Stunde der Erlösung. Marias Sendung ist also vom Beginn der christlichen Heilsgeschichte dazu bestimmt, die Stunde ihres Sohnes vorwegzunehmen. Sie tut nichts weniger in Kana, wenn sie ihren Sohn anspricht. Maria will also ihrem Sohn gar nicht irgendeinen Zeitdruck auflegen. Die Beziehung zwischen Maria und Jesus ist eine enge Zusammenarbeit, so wie die Adams und Evas. Justin und Irenäus haben Maria so genannt „Neue Eva", nach dem Beispiel des Paulus, der Christus den „Neuen Adam" genannt hat. Wie Eva, die „Frau" (Gen 3,23), für Adam eine Hilfe war, „die ihm entspricht" (Gen 2,20), so ist jetzt Marin die Neue Eva: „die Frau", die Jesus entspricht und mit ihm für die Erlösung zusammenarbeitet.

Gehen wir nun zur Stunde der Barmherzigkeit selber, die Stunde der Erlösung auf dem Kalvarienberg, der Stunde Jesu, wenn er wiederum seine Mutter als „Frau" anspricht. Das Kreuz kennzeichnet die absolute Mitte der Zeit, die Fülle der Zeit, als „Gott seinen Sohn sandte, geboren von einer Frau und dem Gesetz unterstellt, damit er die freikaufe, die unter dem Gesetz stehen, und damit wir die Sohnschaft erlangen" (Gal 4,4-5). In dieser heiligen Stunde offenbart Jesus die Fülle der Sendung Marias – und gleichzeitig bestätigt er ihre mütterliche Fürbitte zu Kana. Vom Kreuz aus ermahnt Jesus seine Mutter Maria, die neben dem Jünger, den er liebte, steht: „Frau, siehe dein Sohn!". Sein Auftrag offenbart Marias universale Mutterschaft. Die Neue Eva erfüllt, wofür die erste Eva nur ein Vorzeichen war. Sie ist wirklich „die Mutter aller Lebendigen" (Gen 3,20). Um dieses zu bestätigen, sagt der gekreuzigte Christus dem Jünger, den er liebte: „Siehe, deine Mutter!" (Joh 19,27) Der Jünger, den Jesus liebte, bleibt im Vierten Evangelium anonym. Die Tradition hat in ihm den Apostel Johannes gesehen, der ein echtes Beispiel christlicher Jüngerschaft ist. Christus ermahnt alle christlichen Glaubenden, auf ihre Mutter zu schauen. Im Augenblick unserer Annahme als Kinder Gottes, die Christus am Kreuz vollbracht hat, erhalten wir sie als unsere Mutter. Deshalb nimmt Marias mütterliche Sendung die Stunde Jesu nicht nur vorweg, sondern sie findet in derselben Stunde auch ihre Erfüllung.

Wenn wir diese geistlichen Überlegungen abschließen, ist sicher eine letzte Beobachtung angebracht. Wir haben oben gesehen, dass nur die Diener Marias Fürbitte und das Wunder Jesu bemerken. Tatsächlich ist dies das Einzige, das passt. Denn Gott hat gewählt, den Demütigen, Armen und Niedrigen zu offenbaren, was er sonst den Gelehrten, Klugen und irdisch Weisen verborgen hat. So betet Jesus in den synoptischen Evangelien (Mt 11,25): „Ich preise dich, Vater, Herr des Himmels und der Erde, weil du all das den Weisen und Klugen verborgen, den Unmündigen aber offenbart hast." Die tatsächlich zu ihr beten, verstehen daher am besten Marias Rolle im christlichen Gebet. Wenn daher jemand wirklich wissen möchte, warum wir zu Maria beten, dann tut er gut, wenn er eine ältere Witwe fragt, die im Kirchenschiff hinten ihren Rosenkranz betet. Denn eben solchen wie ihr hat Gott die göttlich angeordnete fürbittende Sendung der Frau anvertraut, der Frau, die „mit der Sonne bekleidet ist; den Mond unter ihren Füßen und ein Kranz von zwölf Sternen auf ihrem Haupt." (Offb 12,1)

Joseph Carola SJ

Loben und lieben

Du geliebte Mutter Jesu,
ziehe auch mein armes Herz zu dir.
Welche Gnade sollte dir Gott versagen,
der dich zu seiner Mutter
und zu seiner Braut erwählte,
dich deshalb vor jedem Sündenmakel bewahrt und
dich allen Geschöpfen vorgezogen hat.
Lass mich immer an dich denken
und vergiss mich nicht,
bis ich deine Schönheit im Himmel schaue,
wo ich dich noch weit mehr loben und lieben werde,
du meine Mutter und Königin!
Amen.

Alfons Maria von Liguori

Maria, meine liebste Mutter

Maria, meine liebste Mutter,
gib mir dein Herz,
so schön, so rein, so unbefleckt,
so voll von Liebe und Demut,
damit ich wie du Jesus empfange und
damit ich eile, ihn anderen zu bringen.

Mutter Teresa

Alles geht auf Jesus, er ist der „Gott rettet"

Er ist! So einfach und klein diese beiden Worte sind, so sind sie doch groß und würdig, das absolute Geheimnis, für das wir kein anderes Wort als das Wort Gott haben, auszudrücken und zugleich im Geheimnis zu belassen, vor dem unser Reden und Denken immer unendlich weit zurückbleibt. Im Anfang ist er, ohne selbst einen Anfang zu haben. „Ich bin der ich Ich-Bin". Und Jesus Christus ist gleich; „Gott von Gott, wahrer Gott vom wahren Gott". Also auch er ist. Die Theologie spricht von „Prä-Existenz", vom Sein vor und in allem Sein. Weil er ist, ist er die Mitte von allem; nur um ihn geht es, wenn es um alles geht, und allein um ihn muss es uns zu tun sein.
Das gilt bei allem, auch wenn wir auf Maria schauen, sie ehren und zu ihr beten; denn die Mitte auch ihres Lebens ist einzig er, ihre ganze Existenz, sie in ihrem Selbst, ist der „Raum" seiner Menschwerdung. Ihren Sinn hat Maria allein darin, dass Gott die Fülle seiner Gnade in sie fallen ließ, dass die „Kraft des Höchsten" sie umgriff und erfasste, dass Gott in ihr zur Welt kam. In ihr trat der, der ist, aus seinem unbegrenzten

Sein in das durch Werden und Vergehen begrenzte menschliche Sein, um gerade dies daraus zu erlösen in sein Sein hinein. Dafür sagt wiederum die Theologie „Pro-Existenz“, Für-Sein. Gottes Sein ist – theologisch gesprochen – präexistente Proexistenz, also wesentlich immer und Für-Uns. Das verkörpert (!) Jesus Christus. Jesus heißt Gottes Für-Uns, das ist der Name für Gott, den er selbst nennt und Maria gibt. Dem allein dient Maria.

Alles geht auf ihn, den präexistent Proexistenten. Eindrucksvoll zeigt dies die russische Ikone der „Verkündigung von Ustjug“: Vor Maria ist Jesus Christus zu sehen, der präexistente und auferstandene Heiland, alles, was wir nur in Abfolge fassen können, fällt zusammen im göttlichen „Ist“. Marias bergende Hand weist auf ihn, die Gottes Gnade zusprechende Hand des Engels auch. Die Verkündigung ist der besagte Augenblick, da das göttliche Sein in das menschliche Sein eintritt, da der Unbegrenzte die Begrenzung annimmt, der Ewige das Zeitliche, der Unendliche das Endliche, und das alles, um uns, die von begrenzter Existenz sind, in sein unendliches Leben hinein zu nehmen. Tod ist das Wort für die absolute, endgültige Begrenzung in den Tod also stieg Gott ein, als er Mensch wurde, in dem Augenblick, als Maria ihn

empfing, begann sein Sterben, das im Tod am Kreuz zu seinem brutalen, blutigen Höhepunkt kam. Sterben ist das Leben jedes Menschen, sind wir aber von dessen Endgültigkeit erlöst; wir werden danach leben, und zwar in Gottes Sein. Seine Wurzel hat dies in der präexistenten Proexistenz Gottes. Und das ist grundgelegt im Geheimnis der Verkündigung an Maria.
Für all dies unfassbar Große steht der Name Jesus, er heißt Gott rettet. Wenn wir auf Maria schauen und zu ihr beten, kann alles nur auf ihn hin laufen, all unser Sinnen und Sprechen kann nur denken und sagen: Jesus. So eindrucksvoll, wie diese Ikone dieses Geheimnis beschreibt, so sagt es unser wohl liebstes, meistgebetetes Gebet zu Maria, das „Ave Maria". Nicht nur, dass dieses Gebet auf Worten der Verkündigung und um die Menschwerdung besteht und damit ganz und gar vom großen Geheimnis der Präexistenz und Proexistenz Gottes durchatmet und durchlebt ist, es zielt auch auf den Namen dafür, der Jesus ist. Da endete das „Ave Maria" ursprünglich. Wie in einer Spirale drehen sich die Worte in die Herzmitte dieses Gebetes, jeden Betens und allen Lebens: Jesus. Da kommt alles Sinnen und Sprechen zur Vollendung. Mehr und Größeres als Jesus kann nicht gedacht und

gesagt werden, denn er heißt „Gott rettet", und nur er ist es für uns.
Da hat denn auch der spätere Zusatz – die Bitte an Maria, um ihre Fürbitte – seinen Sinn. Jesus heißt ja: Gott rettet. Er rettet aus Sünde und Tod. Maria zu bitten, für uns darin zu bitten, steht ganz in ihrem Dienst. Gott rettet – Jesus – steht im „Ave Maria" auf dem Höhepunkt dieses Betens und ist zugleich sein Dreh- und Angelpunkt. Um Jesus allein geht es. Alles, was wir denken, tun und beten, zielt auf Jesus und ist vom großen „Gott rettet" durchdrungen. Wenn wir uns an Maria wenden, schauen wir auf Jesus, denn er ist „Gott rettet".

Klaus Haarlammert

Wer du bist

Maria, Königin des Himmels und der Erde,
ich weiß, dass ich nicht würdig bin,
mich dir zu nähern,
doch da ich dich so sehr liebe,
wage ich es, dich zu bitten,
du mögest so gütig sein
und mir erklären,
wer du bist.
Ich möchte dich immer besser kennenlernen,
damit ich dich immer mehr lieben
und ehren kann,
mit einem Eifer, der keine Grenze kennt.

Maximilian Maria Kolbe

Dem Vater schenken

Herr,
wir möchten deine Mutter lieben,
wie du es getan hast,
ihr Freude bereiten – wie du,
ihr nahe sein – wie du,
alles mit ihr teilen – wie du,
und wie sie unter dem Kreuz stehen
und dich dem Vater schenken
für die ganze Menschheit.

Gebet der Schwestern von Mutter Teresa

Freundin und Schwester

Maria,
Freundin und Schwester
warst du und wirst du
für Ratsuchende
und Vertrauensvolle.

Maria,
Freundin und Schwester
warst du und wirst du
für Gottsuchende
und Hoffnungsträger.

Maria,
Freundin und Schwester
warst du und wirst du
für Träumende
und Bodenständige.

Maria,
Freundin und Schwester
warst du und wirst du

für Liebesfähige
und Opferbereite.

Maria,
Freundin und Schwester
warst du und wirst du
für Begnadete
und Beladene.

Maria,
Freundin und Schwester
warst du und wirst du
für Betende
und Dienende.

Paul Weismantel

Heilige Gottesmutter

Unter deinen Schutz und Schirm
fliehen wir,
heilige Gottesmutter.
Verschmähe nicht unser Gebet
in unseren Nöten,
sondern errette uns jederzeit
aus allen Gefahren.

O du glorwürdige
und gebenedeite Jungfrau,
unsere Frau,
unsere Mittlerin,
unsere Fürsprecherin.
Führe uns zu deinem Sohne,
empfiehl uns deinem Sohne,
stelle uns vor deinem Sohne.

Aus dem 4. Jahrhundert

Für Christus

Mutter des Gottmenschen,
aller Menschen Mutter,
lehre mich, jeden meiner Brüder
gleich zu sehen wie deinen Sohn.
Zeig mir in meinem Leben
die reine, unverhüllte Wahrheit,
dass ich –

wo ich meinen Nächsten erblicke,
Christus schaue,

wo ich ihm zulächle,
Christus ein Lächeln schenke,

wo ich zu meinem Bruder rede,
zu Christus spreche,

wo ich mit ihm teile,
Christus gebe,

wo ich einem den Vortritt lasse,
Christus den Platz räume,

wo ich für einen wasche,
scheure und Ordnung schaffe,
dies für Christus tue,

wo ich mich beherrsche
und das böse Wort hinter
Lippen verschließe,
es Christus zur Freude sei.

Stefan Kardinal Wyszyński

Nimm an

Heilige Jungfrau Maria,
wer kann dir Dank sagen,
wer kann dich loben und benedeien,
so wie du es verdienst?
Durch dein Jawort ohnegleichen
hast du der schwer getroffenen Welt
wieder Hilfe gebracht.
Wie sollen wir armen Menschen dich preisen?
Nur durch deine Vermittlung
haben wir den Zugang
zu unserem verlorenen Erbe
wiedergefunden.

So nimm denn unser schwaches Dankgebet entgegen.
Es ist nichts im Vergleich zu dem,
was du verdienst.
Nimm unsere Bitten an
und lege Fürsprache ein für unsere Sünden!
Trag unser Gebet hin in das Heiligtum
und bringe uns als Gegengabe die Versöhnung!
Erwirke uns die Vergebung,
die wir durch dich erflehen:

hilf uns erlangen,
was wir vertrauensvoll erbitten.
Nimm die Gebete an,
die wir zu dir emporsenden;
schenke uns, was wir erbitten!
Erwirke uns Nachlass der Sünden,
die uns ängstigen!

Augustinus

Mutter der kleinen Wünsche

Eine Freundin von mir findet fast immer einen Parkplatz. Du hast ganz schön Glück, sage ich. Und dann korrigiert sie mich: Ich bete halt. Findest du das nicht ein bisschen banal?, frage ich. Findet sie nicht. Sorgt euch nicht, denn Gott sorgt für euch. Auch für Parkplätze.
Gott – das Mädchen für alles? Um was sollen wir eigentlich bitten? Was können wir selbst erledigen, und für was brauchen wir Gottes Hilfe? Es gibt Menschen, die wagen es nicht, Gott mit ihren Wünschen zu belästigen. Anderen fällt es nicht schwer, den Schöpfer der Welt zu bemühen, wenn weit und breit keine Parklücke zu sehen ist. Ist das kindliches Vertrauen oder blasphemischer Kinderkram?
Ich bin mir da immer ein bisschen unsicher. Der Herr gab mir das Leben, er schenkt mir Gesundheit, Nahrung, Zuwendung, und, und, und … Ist es da rechtens, ihn nach Ladenschluss um eine Tüte Gummibärchen zu bitten, wenn mir gerade danach ist? Es sind die kleinen Wünsche, Alltagssorgen, Ärgernisse, scheinbar Unwichtiges, Sehnsüchte, die wir uns verkneifen und versuchen wegzustecken, weil uns von klein auf beigebracht wurde: Sei dankbar mit dem,

was du hast. Es könnte schlimmer sein. Bescheiden sein, kleine Brötchen backen, Brötchen, die Durchschnittsmenschen kauen – und basta. Ist es nicht genug, dass Gott dich liebt?

Ich betrete die dunkle Kirche. Mein Herz ist voller Sehnsucht nach etwas, was ich eigentlich nicht brauche, nicht wirklich. Ist es denn so wichtig?, fragt das Über-Ich und hebt den Zeigefinger. Nein, nicht unbedingt, sage ich kleinlaut und ziehe den Kopf ein.

Und doch … das Herz wird voll wie ein riesiger Luftballon, es platzt fast. Dem kleinen Mädchen, das ich bin, zerspringt fast ein großes klopfendes Luftballonherz.

Vor einem hölzernen Kruzifix bleibe ich stehen. Eine lebensgroße Christusfigur mit im Todeskampf verkrümmten Gliedern lässt mich erschauern.

Siehst du, sagt das Über-Ich, da ist er, dein Erlöser, er ringt mit dem Tod für deine Sünden, und du kommst mit irgendwelchem Kinderkram …

Herr, du leidest für mich, du hast mich erschaffen, erlöst, bewahrt, du hast mich in deine Kirche berufen, in dein Reich, du willst mich in der Ewigkeit bei dir haben … und ich? Ich bin wieder einmal undankbar, weil ich nur in diese Kirche gekommen bin, um dir zu sagen, dass ich so gerne …

Ach Jesus, bin wirklich undankbar, sei mir nicht böse, dieser kleine Wunsch, diese Sehnsucht!
Ich weiß, dass das eigentlich nicht so wichtig ist. Hauptsache, du liebst mich, und ich und die Meinen sind gesund, und mein Mann hat Arbeit, und Krieg ist grad bei uns auch nicht ... Ich will dich schnell noch für all die Armen, Kranken und Unglücklichen bitten ... und dann gehen und zufrieden sein.
Plötzlich werden mir die Augen feucht. Warum dieses große brennende Gefühl? Warum der Gedanke wie damals, dass das Bitten nur für Bettler ist, außer es passiert natürlich etwas ganz Schreckliches? Danken ist immer angesagt, aber bitten, das gehört genau überlegt, schließlich hat man gelernt, zufrieden zu sein, mit wenig, mit sehr wenig.
Da hängt er und leidet, Christus – die Menschheit erlösend. Stumm und erhaben: eigentlich unrealistisch! Mit starren Augen, dem königlichen Kopf, männlich und fast schön.
Wein nicht, scheint er zu flüstern. Wein nicht, wein nicht! Wein *nicht* – ja, genau! Das war doch auch so unsagbar banal!!! Das mit dem Wein auf der Hochzeit zu Kana. „Wein – *nicht*": Sie hatten *keinen* Wein. Wie kann man sich um *so etwas* sorgen, wenn Jesus bei ihnen ist? Die Leute auf der Hochzeit zu Kana waren un-

glaublich dumm und undankbar, um Getränke so viel Aufhebens zu machen, obwohl Jesus doch bei ihnen war. Da sieht man, wer die Prioritäten kennt …

Wie ging die Geschichte weiter? Maria ging zu ihrem Sohn und sagte: Sie haben keinen Wein mehr. Und Jesus sorgte für alle und machte den besten Wein, den sie je hatten.

Maria! Direkt neben dem Kruzifix lächelt sie mir zu, die unscheinbare Madonnenfigur. Ich falle auf die Knie. Maria, sage ich, ich habe alles – und dabei doch diese Sehnsucht im Herzen …

Ich weiß, scheint sie zu antworten. Diese Wünsche und Anliegen, damit dies und das geschieht, weil es einem so wichtig ist, weil man Mensch ist, ein kleiner Mensch, manchmal noch ein Kind, das um Schokolade bittet und vielleicht nur Liebe meint … Ich erfülle keine Schokoladenwünsche, spricht Maria, aber ich sage meinem Sohn, dass dein armes Kinderherz etwas braucht, von dem du selbst nicht weißt, was es ist. Dass du perfekt sein willst und Perfektes verlangst, dass deine „Hochzeiten" ohne Wein unmöglich sind. Er wird dir alles geben, was du brauchst.

Und sei es Wein für deine Feste … Und schäme dich nicht, dass du Kinderwünsche hast. Du bist ein Kind. Und ich bin deine Mutter.

Maria ist meine Mutter. Das ist mein Glaube. Weil mich Gott so liebt, hat er mir diese Mutter zur Seite gestellt. Wenn ich wieder scheinbar Unwichtiges ersehne, gehe ich zu ihr. Sie zürnt nie, sie ist ja doch die Mutter der Barmherzigkeit.
Und in Situationen, die gar nicht banal sind, wenn Worte fehlen, weil der Todeshauch uns streift, steht sie uns bei. Bittet für uns und die Unsrigen. Jetzt und in der Todesstunde.

Vera Novelli

Durch die Gnade

Maria, du hattest das Glück,
Gnade zu finden bei deinem Sohn,
hervorzubringen das Leben und das Heil,
gewähre auch uns Zugang zu deinem Sohn.
Der uns geschenkt wurde durch dich,
möge uns auch annehmen durch dich.
Deine Heiligkeit entschuldige bei ihm
die Schwächen unserer Verderbtheit,
deine Demut, die Gott gefallen hat,
bewege ihn zur Vergebung unseres Stolzes.
Deine übergroße Liebe
decke die Menge unserer Sünden zu.
Deine wunderbare Fruchtbarkeit
befähige uns zu guten Werken.
Durch die Gnade, die du gefunden hast,
durch die Verdienste, die du erworben hast,
durch die Barmherzigkeit, deren Mutter du bist,
bitten wir Jesus, deinen Sohn und unseren Herrn,
dass er uns teilhaben lasse an der Herrlichkeit
und der ewigen Freude.

Bernhard von Clairvaux

Rosenkranzandacht

Magnifikat

Dich, meinen Gott, preise ich.
Du bist die Quelle von Freude und Hoffnung.
Deine Namen sind sein Leben und Friede.
Du hast mich erschaffen.
Du lässt mich nicht allein.
Du gibst meinem Leben ein Ziel.
Du schenkst mir die Gnade, in Freiheit zu atmen.
Du weitest meinen Blick.
Vor allem in der Begegnung mit den Anderen
darf ich in die Symphonie deiner Schöpfung
einstimmen.

Gott, du bist Vater und Mutter alles Geschaffenen.
Kontinente und Ozeane, Vulkane und Gletscher,
Regenwälder und Rosen,
der Mensch als Mann und Frau,
Kulturen und Religionen,
alles lebt, weil du selber das Leben bist.

Das macht mich froh. Und ich spüre
in meinem Innersten,
wie der gesamte Kosmos immer neu aufblüht
unter deinem liebevollen Blick
und dem Wehen deines Geistes.

Du hast auch mich beim Namen gerufen.
Du hast gesagt, dass ich in deinen Augen schön
und wertvoll bin.
Du hast mich gelehrt, wie ich dich anreden kann.
Meine Ängste hast du vertrieben.
Meine Horizonte hast du weit gemacht.
Ich weiß mich von dir geliebt,
und deshalb möchte ich
Herz und Hände für die Anderen öffnen.

Ja, Gott, du hörst das Seufzen der Schöpfung
und den Schrei der Armen und Gefolterten.
Wie zu allen Zeiten berufst du auch heute
Frauen und Männer,
Zeuginnen und Zeugen einer unzerstörbaren
Hoffnung,
Poeten und Propheten.
Sie erinnern daran:
Der Mensch ist eine Ikone Gottes.

Gott befreit,
und deshalb können Menschen einander befreien.
Liebe ist stärker als der Tod.
Tyrannen und ihre Ideologien werden immer
neu scheitern.
Aufmerksame und gewaltfreie Begegnung
nach dem Beispiel Jesu geben der Welt eine
gute Zukunft.
Der Friede ist eine Frucht der Gerechtigkeit.
Und Gott selbst geht mit uns den Weg der
Befreiung.

Und so bin ich Zymbel, Harfe, Bambusflöte
und Buschtrommel in einem tausendstimmigen
Orchester.
In unzähligen Rhythmen aus allen Stämmen,
Völkern und Nationen klingt es:
Unser Gott ist ein Gott des Lebens und der Freiheit.
Das Kleine und Unscheinbare ist ihm wichtig
und lieb.
Er hört unser Weinen und trocknet unsere
Tränen.
Sein Evangelium von der Freiheit und Würde
ist gute Botschaft für alle.
Gebt sie weiter ohne Furcht.

Sie bahnt sich unaufhaltsam ihren Weg.
Aus einer Kraft, die nicht in uns,
sondern in Gottes Wort selber liegt.

Und so möchte ich alle einladen,
dem geheimen Plan nachzusinnen,
der über dem Weg Jesu, meines Sohnes und
eures Bruders liegt:
Das Reich Gottes ist im Kommen.
Wie eine Frühlingsblume durchbricht es die
harte Erde.
Im Tod ist Leben.
Hoffnung ist nicht vergebens.
Der Herr ist getreu.

Ein neuer Himmel und eine neue Erde entstehen.
Und auch mein und dein Leben,
winzige Atome in der Evolution des unendlichen
Kosmos,
haben teil an einer unendlichen Verheißung.

Hermann Schalück OFM

Rosenkranzgebet

Das Rosenkranzgebet ist so inhaltsreich: Es lässt uns immer wieder die heiligen Worte beten, die Christus selbst im Vaterunser uns zu beten befohlen hat, die kurz alles enthalten, was wir in unseren Lob-, Dank- und Bittgebeten vor Gott aussprechen sollen. Es lässt uns immer wieder den Gruß des Engels an Maria, die allerseligste Jungfrau, wiederholen und die innige Empfehlung in ihren Schutz: „Bitte für uns Sünder, jetzt und in der Stunde unseres Todes." Kann Maria, unsere Mutter, diese Bitte überhören und unerhört lassen, wenn wir sie immer wieder vertrauensvoll für uns und für unsere Lieben, die vielleicht in Gefahr und Todesnot sind, zu ihr hinaufsenden?
Die andächtige Betrachtung der Rosenkranzgeheimnisse ist eine viel erprobte Schule der Gottes- und Nächstenliebe und damit eine wirksame Hilfe für die Übung der Nachfolge Christi und im Streben nach christlicher Vollkommenheit.

Clemens August Kardinal von Galen

Du Glorreiche ...

Hymnen an die Gottesmutter

Konferenz des Herzens

Was wir nicht auf einen Nenner bringen und lösen können, können wir nur schwer aushalten. Den mühsamen Widerspruch zwischen Sein und Schein, zwischen Innerem und Äußerem neutralisieren wir und verlegen uns auf das einfachere Entweder-Oder. Schmerzliche Widersprüche wollen wir loswerden – jetzt, gleich und schnell.

Der Blick auf Maria zu Beginn des Neuen Jahres zeigt uns den anderen Weg, mit Widersprüchen umzugehen, sie auszuhalten und sie zu formen. Ein kurzer, scheinbar beiläufiger Hinweis im Evangelium verrät uns, wie Maria sich verhalten hat: „Maria aber bewahrte alles, was geschehen war, in ihrem Herzen und dachte darüber nach." Sie hatte die großen Zusagen Gottes nicht vergessen: „Sohn des Allerhöchsten" und „Retter seines Volkes …"!

Aber was sah sie nun hier? Sie sah ein Neugeborenes in Windeln; sie sah Heimatlosigkeit, Not und einen Stall; sie sah ein paar Landarbeiter, die kamen und seltsame Dinge über das Kind sagten. Alles war so ganz anders, als sie es von der Verheißung her in Erinnerung hatte. All dies Unverständliche hat Maria nicht einfach aus dem Bewusstsein verdrängt – was wohl bequemer gewesen wäre. Sie hat die Widersprüche nicht ignoriert, sondern tief in ihr Herz hineingenommen und sich davon treffen lassen: „Sie dachte darüber nach."

In der lateinischen Übertragung dieser Textstelle stehen die Worte „conferens in corde suo" – alles „zusammentragen in ihrem Herzen". Eine „Konferenz" also – aber ein durch und durch anderes Ereignis, als es jene mühsamen Veranstaltungen sind, die wir als Konferenzen bezeichnen!

Maria hat die ganz konkreten und gewöhnlichen Ereignisse ihres Alltagslebens bedacht, hat sie hin und her gewendet, hat sie von allen Seiten betrachtet und verglichen, um sie dann im Licht der Worte und Verheißungen Gottes wieder und wieder anschauen zu können. Sie hat beides ganz ernst genommen: Die Zusagen Gottes und die wahrgenommenen Tatsachen. Und erst allmählich hat sich ihr das Problem, das ihr die Glanzlosigkeit der Nähe Gottes aufgab, im Lichte des Wortes Gottes gelöst.

In den Kalender werden wir wieder manche Termine von Zusammenkünften und Konferenzen eintragen. Wir müssen auf jeden Fall noch Platz lassen für die tägliche „Konferenz des Herzens", um im Gebet und in der Betrachtung des Wortes Gottes seinen Verheißungen in den gewöhnlichen Alltäglichkeiten nachzuspüren.

Norbert Trelle

Mariae Verkündigung

Nicht dass ein Engel eintrat (das erkenn),
erschreckte sie. Sowenig andre, wenn
ein Sonnenstrahl oder der Mond bei Nacht
in ihrem Zimmer sich zu schaffen macht,
auffahren –, pflegte sie an der Gestalt,
in der ein Engel ging, sich zu entrüsten;
sie ahnte kaum, dass dieser Aufenthalt
mühsam für Engel ist. (O wenn wir wüssten,
wie rein sie war. Hat eine Hirschkuh nicht,
die, liegend, einmal sie im Wald eräugte,
sich so in sie versehn, dass sich in ihr,
ganz ohne Paarigen, das Einhorn zeugte,
das Tier aus Licht, das reine Tier –.)
Nicht, dass er eintrat, aber dass er dicht,
der Engel, eines Jünglings Angesicht
so zu ihr neigte; dass sein Blick und der,
mit dem sie aufsah, so zusammenschlugen
als wäre draußen plötzlich alles leer
und, was Millionen schauten, trieben, trugen,
hineingedrängt in sie: nur sie und er;
Schaun und Geschautes, Aug und Augenweide

sonst nirgends als an dieser Stelle –: sieh,
dieses erschreckt. Und sie erschraken beide.

Dann sang der Engel seine Melodie.

Rainer Maria Rilke

Hymnus zum Fest Mariä Himmelfahrt

Herrlich erstrahlst du im Licht,
Jungfrau Maria.
Kind aus Davids Geschlecht,
Tochter des Königs,
die erhaben nun thront hoch in den Himmeln
und Gebieterin ist über die Engel.
Dem allmächtigen Gott
wurdest du Mutter,
hast dem Herrn,
der dich schuf,
Wohnung bereitet,
ihm den heiligen Schoß willig geboten
– und im Fleische ward Gott Mensch
wie wir alle.
Den in Ehrfurcht verehrt Erde und Himmel,
den Erlöser und Herrn,
bitten wir heute,
da ins himmlische Reich ganz er dich aufnahm:
Aus dem Dunkel der Welt führ uns zum Lichte.

Mariä Geburt

Wie das Morgenrot
das Ende der Nacht ankündet,
und so den neuen Tag begrüßt,
so brachte deine Geburt, Maria,
das Ende des Leids
und den Anfang des Trostes,
das Ende der Trauer
und den Ursprung der Freude.

Abt Rupert von Deutz

Anbetung

Das ganze Leben Mariens
ist eine Zusammenfassung
dieses einen Wortes: Anbetung

Die Anbetung ist die perfekte Gottesverehrung. Sie umfasst alle Pflichten eines Geschöpfes gegenüber seinem Schöpfer. Maria war die Erste, die das fleischgewordene Wort angebetet hat. Es befand sich in ihrem Schoß, und niemand auf Erden wusste davon. Oh! Wie gut bedient war unser Herr im Schoss Mariens. Nie mehr fand er ein Ziborium, ein kostbareres und reineres, goldenes Gefäß als den Schoß Mariens.

In Betlehem ist Maria die Erste, die ihren, in einer Krippe liegenden, göttlichen Sohn anbetet. Sie betet ihn mit einer vollkommenen, jungfräulichen Mutterliebe an, einer Liebe, der Hochachtung, nach dem Wort des Heiligen Geistes; nach ihr kommen der heilige Josef, die Hirten, die Weisen. Maria hat die Feuerspur gelegt, die die Welt entzünden wird.

Beachten wir die Art der Anbetung Mariens. Die verschiedenen Stationen im Leben Jesu inspirierten die Art ihrer Verehrung. Sie verharrte nicht in einer unbeweglichen Huldigung.

Sie betete in ihrem Leib den demütigen Gott an, in Betlehem den armen, den arbeitenden in Nazaret und danach den evangelisierenden und die Sünder bekehrenden Gott. Sie betete ihn an in seinem Leiden auf Golgota, indem sie mit ihm litt. Ihre Anbetung begleitete alle Gefühle ihres göttlichen Sohnes, die ihr bekannt und vor ihr entschleiert waren. Ihre Liebe verursachte eine vollkommene Übereinstimmung der Gedanken und des Lebens mit ihm.

Will man einem Vater oder einer Mutter ein Kompliment machen, dann ruft man ihre große Liebe, ihre ständige, großherzige Aufopferung, die sie uns in unserer Kindheit bezeugten, ins Gedächtnis zurück. Während ihrer Anbetungen im Abendmahlsaal wiederholte Maria Jesus noch einmal alles, was er zur Verherrlichung seines Vaters getan hatte. Sie erinnerte ihn an seine großen Opfer und bekannte dadurch ihre Dankbarkeit für die Heilige Eucharistie.

Die Eucharistie ist die Gedächtnisfeier aller Mysterien. Sie vermehrt in uns die Liebe und die Dankbarkeit zu ihr. Wir müssen, wie Maria, dieser Dankbarkeit entsprechen und alle Handlungen unseres Herrn Jesus Christus in uns wieder aufleben lassen, indem wir alle Stationen seines Lebens anbeten und uns mit ihnen vereinigen.

Pierre-Julien Eymard

Danklied an Unsere Liebe Frau vom Berge Karmel

In den ersten Augenblicken meines Lebens
hast du mich in deine Arme genommen;
und seit jenem Tag, geliebte Mutter,
beschützt du mich auf dieser Welt.

Um meine Unschuld zu bewahren,
legtest du mich in ein weiches Nest,
du hast meine Kindheit behütet,
im Schatten eines heiligen Klosters.

Später, in den Tagen meiner Jugend,
habe ich den Ruf Jesu vernommen! ...
In deiner unaussprechlichen Zärtlichkeit
hast du mir den Karmel gezeigt.

„Sei großmütig, mein Kind",
sagtest du mir milde;
„In meiner Nähe wirst du glücklich sein,
komm, opfere dich für deinen Retter."

In deiner Nähe, o liebreiche Mutter,
habe ich Herzensruhe gefunden;
ich habe keinen Wunsch mehr auf Erden,
Jesus allein ist mein einziges Glück.

Manchmal, wenn ich Traurigkeit verspüre
und Angst, die mich befällt,
immer meine Schwachheit stützend,
geruhst du, Mutter, mich zu segnen.

Gewähre mir Treue
zu meinem göttlichen Bräutigam Jesus.
Damit seine sanfte Stimme mich ruft,
mit den Auserwählten zu fliegen.
Leid und Verbannung gibt es nicht mehr;
und im Himmel singe ich dir
das Lied meiner Dankbarkeit,
liebenswerte Königin des Karmels.

Heilige Theresia vom Kinde Jesu
und des Heiligen Antlitzes „Poésies"

Sei gegrüßt

Sei gegrüßt, Maria,
heilige Mutter Gottes!
Sei gegrüßt,
du der Schöpfung kostbarer Schatz!
Sei gegrüßt,
denn aus dir ging hervor,
der den Tod besiegte,
der unsere Sünden gesühnt hat!
Aus dir ging das Licht auf vor uns,
die in Nacht und Todesschatten wandelten.
Sei gegrüßt,
denn durch dich wird der dreifaltige Gott
über den Erdkreis hin angebetet
und verherrlicht.

Cyrill von Alexandrien

Gruß an Maria

Gruß dir, heilige Mutter,
die du den König geboren,
der da hält Himmel und Erde
im Wandel der Zeiten,
dessen Walten das All umfasst
mit ewigen Kreisen,
dessen Reich ohne Ende besteht:
Dein seliger Leib hat Freuden der Mutter verbunden
mit reiner Ehre der Jungfrau. Dir, der keine glich,
wird auch keine je folgen;
denn vor allen Frauen
erwählte dich, Einzige, Christus.

Caelius Sebulius

Hymnus von der hl. Jungfrau Maria

Jungfräulichste, Heiligste,
Weiseste und Willigste,
der sich Gottes Wunsch gezeigt,
die sich gläubig vor des Engels Botschaft neigt.

Untreu hat mit böser Macht
nie dein Innerstes gestört,
da du Gottes Wort gehört,
hast du Erd und Himmel Fröhlichkeit gebracht.

Aus der Wurzel Jesse schoss
uns das knospenreiche Reis,
tauige Blume trieb der Spross,
drin zu ruhen, niederstieg der Heilige Geist.

Wie aus dornigem Geschlecht
eine weiche Rose bricht,
wuchsest du aus dem Geschlecht
Evas, o Maria, mild und schön und schlicht.

Frankreich, 10. Jahrhundert

Ich grüße dich, o größtes Wunder!

O Maria voll der Gnade,
erleuchte meinen Verstand und löse mir die Zunge,
damit ich dein Lob singe
und vor allem das deiner so würdige Lied der Engel:

Ich grüße dich,
o Friede, o Freude,
o Heil und Trost des ganzen Alls!

Ich grüße dich, o größtes Wunder,
das je auf Erden vollbracht wurde,
du Paradies der Wonnen,
sicherer Zufluchtsort aller Seelen in Gefahr,
Mittlerin zwischen Gott und den Menschen,
ich grüße dich!

Ephraem der Syrer

Hymnus an Maria

Sei gegrüßt, Herrin, heilige Königin,
heilige Gottesmutter Maria,
du bist Jungfrau,
zur Kirche gemacht und erwählt
vom Heiligsten Vater im Himmel, die er geweiht hat,
mit seinem heiligsten geliebten Sohn
und dem Heiligen Geiste,
dem Tröster, in der war und ist
alle Fülle der Gnade und jegliches Gute.
Sei gegrüßt, du sein Palast.
Sei gegrüßt, du sein Gezelt.
Sei gegrüßt, du seine Wohnung.
Sei gegrüßt, du sein Gewand.
Sei gegrüßt, du seine Magd.
Sei gegrüßt, du seine Mutter.
Und seid gegrüßt ihr heiligen Tugenden alle,
die durch die Gnade und die Erleuchtung
des Heiligen Geistes in die Herzen der Gläubigen
eingegossen werden.

Franz von Assisi

Mensch für uns

Sei gegrüßt, du lichter Meeresstern.
Gottes hohe Mutter,
Jungfrau, die der Höchste sich erwählt,
sel'ges Tor des Himmels.

Steh uns immerdar als Mutter bei,
dass durch dich uns höre,
der in deinem Schoße Wohnung nahm,
Mensch für uns zu werden.

Lobgebet aus dem 9. Jahrhundert

Maria – Ur- und Vorbild des Glaubens

Maria: Ganz erlöst bis in die Wurzeln und bis in die Konsequenzen hinein, dadurch vor der Erbsünde bewahrt, sündelos geblieben und erhalten und vollendet mit Leib und Seele schon jetzt in der Herrlichkeit des Auferstandenen. Sie ist eine geschichtliche Person, nicht nur eine Idee, aber als diese Person ist sie sozusagen das Ur- und Vorbild des Glaubens, das heißt nicht nur eine von vielen, sondern zugleich auch eine für alle und im ganzen in allen. Sie ist persönlich anrufbar in ihrem Sohn, sie kann und will von uns auch als unsere Mutter verstanden und angerufen werden.

Klaus Hemmerle

Quellenverzeichnis

Texte

Bischof Heinz Josef Algermissen, Bischofswort zum Sonntag, 16. August 2009. Alle Rechte beim Autor.

P. *Richard J. Altherr* SAC, Die Zärtlichkeiten Gottes. Aus: Trost und Hilfe (Auszug). Erschienen in KA+das zeichen, dem Monatsmagazin der Pallottiner. Alle Rechte beim Autor.

Gertrud Brem, Von Frau zu Frau. Alle Rechte bei der Autorin.

P. *Joseph Carola* SJ, Warum zu Maria beten? Alle Rechte beim Autor.

P. *Drutmar Cremer* OSB, Maria Laach, Du sagst Ja. © ars liturgica Buch- & Kunstverlag MARIA LAACH

Bischof Felix Genn, Mutter vom guten Rat. Predigt zum Hochfest der Bistumspatronin am 12. Oktober 2003 im Dom zu Essen. Alle Rechte beim Autor.

Klaus Haarlammert, Maria weist auf Jesus …; Alles geht auf Jesus … Alle Rechte beim Autor.

P. *Alexander Holzbach* SAC, Milde und sanft. Erschienen in KA+das zeichen, dem Monatsmagazin der Pallottiner. Alle Rechte beim Autor.

Walter Kardinal Kasper, Marienverehrung mit neuer Kraft und Dynamik. Alle Rechte beim Autor.

Joachim Kardinal Meisner, Maria lädt uns ein. Predigt beim Gottesdienst in der Kölnarena mit der Familie Mariens zu Ehren der Frau aller Völker am 23. Oktober 2010. Alle Rechte beim Autor.

Vera Novelli, Mutter der kleinen Wünsche. Alle Rechte bei der Autorin.

Annette Schavan, Maria und das Magnificat. Alle Rechte bei der Autorin.

Mirjam Schambeck SF, Zwischen Passivität und Aktivität … und den Klischees, die sich hier auftun. Alle Rechte bei der Autorin.

Hermann Schalück OFM, Magnifikat. Alle Rechte beim Autor.
Paul Weismantel, Von Maria lernen; Freundin und Schwester. Alle Rechte beim Autor.

Fotos

Seite 6: © Ignatius Wooster/Fotolia.de
Seite 19: © Andreas Karelias/Fotolia.de
Seite 30: © Vladimir Ovchinnikov/Fotolia.de
Seite 44: © alma_sacra/Fotolia.de
Seite 58: © picture alliance/akg-images
Seite 76: © corellio/Fotolia.de
Seite 90: © Eva Kahlmann/Fotolia.de
Seite 122: © Christa Eder/Fotolia.de

Wir danken den Inhabern von Text- und Bildrechten für die freundliche Erteilung der Abdruckgenehmigung. Der Verlag hat sich bemüht, alle Rechteinhaber in Erfahrung zu bringen. Für zusätzliche Hinweise sind wir dankbar.